Wörterbuch

Deutsch - Nepali
in Devanagari und lateinischer Umschrift

von Georgia Friedrich

mit einer kleinen Einführung in die Grammatik,
nützlichen Sätzen und speziellen Wörterlisten

Dank gilt meinem Lehrer Durga Ghimire und dem
Language Training Institut von Hem Rai, das den
Satz in Devanagari besorgte.
1996

DEUTSCH-NEPALI DICTIONARY

Published by
PILGRIMS BOOK HOUSE
PO Box 3872, Kathmandu, Nepal
Fax: (977)-1-424943
Email: info@pilgrims.wlink.com.np

Written by
Georgia Friedrich

Edited by
Georgia Friedrich and Arjun Khanal

Cover Design & Layout by
Sherap Sherpa

Printed by

The contents of this book may not be reproduced, stored or copied in any form - printed, electronic, photocopied or otherwise - except for excerpts used in reviews, without the written permission of the publisher.

INHALT

Einleitung .... 1 - 3

Devanagari Buchstaben - Tafel .... 4 - 5

Aussprache .... 6 - 7

Wörterbuch Deutsch - Nepali .... 8 - 250

Kleine Einführung in die Grammatik............ 251 - 285
    Satzbau und Wortfolge 251
    Anrede und Besitzverhältnis 252
    "timi" und "tapaai:" 253
    Personalpronomen, Possessivpronomen 255
    Verben: Hilfsverb sein 257
    "haben" 262
    "chha" 263
    Konjugationsschema 265
    Frageworte 279
    Konjunktionen, Demonstrativpronomen etc.. 281
    Komparativ und Superlativ 284

Nützliche Sätze und Ausdrücke .... 286 - 321
    Zahlen und Mengen 286
    Nepal - Kalender 293

Wochentage	295
Uhrzeit	296
Zeitbestimmungen	299
Familie und Verwandtschaft	303
So beginnt ein Gespräch	308
Einkaufen und Handeln	310
Kleine Füllworte	313
Nützliche Ausdrücke	313
Unterwegs	318
Himmelsrichtungen	320
Spezielle Wörterlisten	**322 - 344**
Farben	322
Haus und Haushalt	323
Essen und Trinken	326
Obst	330
Gemüse	331
Pflanzen	332
Tiere	334
Landwirtschaft	337
Körper	339
Krankheiten	343

Einleitung

Dies ist das erste Deutsch-Nepali Wörterbuch. Es ist für die Praxis geschrieben und enthält auch eine kleine Einführung in die Grammatik, sowie nützliche Sätze und Ausdrücke und spezielle Wörterlisten, die die Kommunikation in bestimmten Situationen erleichtern sollen.

Sprache dient der Verständigung.
Zum Verständnis der Menschen dieses Landes seien noch einige Informationen gegeben:

Nepal, das einzige hinduistische Königreich der Welt, liegt am Fuße des Himalaya und ist bei uns in erster Linie als Traumziel für Trekker und Bergsteiger bekannt. Erst in den 50er Jahren hat es sich Fremden geöffnet. Seit 1990 gibt es ein Mehrparteiensystem mit konstitutioneller Monarchie.

Die knapp 20 Millionen Nepalis leben zu ca. 85% in Dörfern, oftmals in Gegenden, die nur in mehrtägigen Fußmärschen von der nächstgelegenen Straße zu erreichen sind. Die Lebensbedingungen sind äußerst einfach, westliche Menschen sind schnell geneigt zu sagen: primitiv. Die Lebensformen sind noch ganz traditionell.

Im Kathmndutal dagegen hat in den letzten Jahren durch erheblichen Zuzug eine Verstädterung mit allen Vor - und Nachteilen eingesetzt.

Es gibt ca. 60 verschiedene Ethnien, die zum großen Teil eine eigene Kultur und oftmals eine eigene Sprache bewahrt haben. So ist das Nepali nur für ungefähr 60% der Bevölkerung Muttersprache.

Nach unseren Maßstäben herrscht große Armut. Das jährliche Bruttosozialprodukt pro Kopf nähert sich erst langsam an 200 US$ an. Damit gehört Nepal zu den 5 ärmsten Ländern der Erde.

Es werden große Anstrengungen unternommen, die Gesundheitsversorgung und die Bildungssituation zu verbessern. Die Lebenserwartung liegt bei 52 Jahren;

inzwischen werden fast 95% der Kinder in den ersten Lebensjahren mit den notwendigen Schutzimpfungen versehen.

Die Analphabetenrate der über 15 jährigen liegt bei 74% (bei den Frauen in den Dörfern über 90%), inzwischen werden jedoch gut 90% der Kinder eingeschult.

Wenn man in Nepal unterwegs ist, werden schon die kleinsten Versuche, Nepali zu sprechen, mit großer Offenheit und Freundlichkeit der Menschen beantwortet. Und der kleine Dialog über Namen, Herkunft und wie es geht, öffnet nicht nur die Herzen, sondern oftmals auch Hof und Haus und führt so zu persönlichen Begegnungen.

In diesem Sinne möchte dieses Wörterbuch zu einem ganzheitlichen Verstehen des Landes und seiner Menschen beitragen.

Devanagari Buchstaben - Tafel

Konsonanten

क	ख	ग	घ	ङ	च
ka	kha	ga	gha	nga	cha

छ	ज	झ	ञ	ट	ठ
chha	ja	jha	yaa:	Ta	Tha

ड	ढ	ण	त	थ	द
Da	Dha	na:	ta	tha	da

ध	न	प	फ	ब	भ
dha	na	pa	pha	ba	bha

म	य	र	ल	व	श
ma	ya	ra	la	wa	sha

ष	स	ह	क्ष	त्र	ज्ञ
sha	sa	ha	ksha	tra	gya

Vokale

अ	आ	इ	ई	उ
	ा	ि	ी	ु
a	aa	I	ii	u

ऊ	ए	ऐ	ओ	औ
ू	े	ै	ो	ौ
uu	e	ai	o	au

Verbindung der Konsonanten mit den Vokalen

क	का	कि	की	कु
ka	kaa	ki	kii	ku

कू	के	कै	को	कौ
kuu	ke	kai	ko	kau

Aussprache

Die Aussprache der meisten Buchstaben ist den deutschen Lauten sehr ähnlich.

a	kurzes o, wie Post
aa	langes, offenes a, wie Dame
o	langes o, wie Mode
oi	ausgesprochen eu, Meute
:	vorhergehender Laut wird nasaliert
bh	beide Laute werden ausgesprochen
ch	ausgesprochen zwischen tch und ts
chh	zwischen tch und ts mit gehauchtem h
d	nicht gehauchtes d
D	hinten gesprochenes d, Zungenspitze in der Mitte des Gaumens, klingt ähnlich wie süddeutsch gerolltes r
dh	beide Laute werden gesprochen
Dh	hinten gesprochenes d mit gehauchtem h
kh	beide Laute werden gesprochen
j	stimmhaftes dsch, wie Dschungel
ph	stark gehauchtes p, fast wie f
r	leicht gerolltes r
s	scharfes s, wie Masse, Fest

sh	scharfes s mit deutlichem h
t	nicht gehauchtes t
T	hinten gesprochenes t, Zungenspitze in der Mitte des Gaumens
th	gehauchtes t
Th	hintengesprochenes gehauchtes t
w	ua
y	j, wie ja

Abend, abends
> beluka — बेलुका

Abendessen
> saa:jhko khaanaa — साँझको खाना

aber
> tara — तर

Aberglaube
> andhabishwaas — अन्धविश्वास

abergläubisch
> andhabishwaasi — अन्धविश्वाशी

abgehen (Haut)
> khuilinu — खुइलिनु

abgekochtes Wasser
> umaaleko paani — उमालेकोपानी

abkochen, (Wasser) kochen
> umaalnu — उमाल्नु

Abkommen (treffen)
> samjhautaa(garnu) — समझौता (गर्नु)

abnehmen (Wäsche v d Leine)
> uThaaunu — उठाउनु

Abreise, Abflug, Weggehen
  prasthaan — प्रस्थान

absagen, ausfallen lassen
  radda garnu — रद्द गर्नु

abschaffen, wegnehmen
  haTaaunu — हटाउनु

absteigen, runtersteigen
  jharnu — झर्नु

Abteilung, Firmenzweig
  shaakhaa — शाखा

abtrocknen
  puchhnu — पुछ्नु

acht 8
  aaTh — आठ

achtundachtzig 88
  aThaasi — अठासी

achtunddreißig 38
  aThtis — अठ्तीस

achtundfünfzig 58
  anThaaunna — अन्ठाउन्न

achtundneunzig 98
       anThaanabbe   अन्ठानब्बे
achtundsechzig 68
       aThsaThi/aThsaTThi अठसठी/ अठसट्ठी
achtundsiebzig 78
       aThhatar/aThahattar अठहत्तर/ अठहत्तर
achtundvierzig 48
       aThchaalis   अठचालिस
achtundzwanzig 28
       aThaais   अठाइस
achtzehn 18
       aThaara   अठार
achtzig 80
       assi   असी
Acker
       jamin   जमिन
Ader
       nasaa   नशा
Adresse
       Thegaanaa   ठेगाना

ähnlich
: ustai — उस्तै

alkoholische Getränke
: madiraa — मदिरा

alle
: sarwa (Sanskrit) — सर्व (संस्कृत)

alle Leute
: sabaile — सबैले

alle, alles
: sabai — सबै

allein, einzeln
: eklai — एक्लै

alt
: buDhi — बुढी

alt
: puraano — पुरानो

alt
: briddha — बृद्ध

Alter
: umer — उमेर

Altersheim
: briddhaashram — बृद्धाश्रम

älteste Tochter
: jeThi — जेठी

Aluminium
: silaabar — सिलाबर

Ameise
: kamilaa — कमिला

an manchem Tag
: kunai din — कुनै दिन

an wenigen Tagen
: kunaikunai din — कुनैकुनै दिन

Ananas
: bhui:kaTahar — भूईकटहर

Andacht verrichten, beten
: praarthanaa garnu — प्रार्थना गर्नु

andere (pl)
: aru — अरु

andere Seite
: arkopaTTi — अर्कोपट्टि

anderer (sing)
    arko   अर्को

andernfalls
    anyathaa   अन्यथा

andernfalls
    natrabhane   नत्रभने

andrerseits
    arkotira   अर्को तिर

anfangen
    shuru garnu   शुरु गर्नु

anfangen(Büro,Schule)
    laagnu   लाग्नु

angenehm (Ort,Tätigkeit)
    ramaailo   रमाइलो

angestellt sein
    jaagir garnu   जागिर गर्नु

Angestellte Gesundheitswesen
    swaasthyakaaryakartaa स्वाश्थ्यकार्यकर्ता

Angestellter
    karmachaari   कर्मचारी

angreifen
        hamalaa garnu   हमला गर्नु
angreifen (milit.)
        aakraman garnu   आक्रमण गर्नु
Angriff (milit.)
        aakraman   आक्रमण
Angst haben
        Dar laagnu   डर लाग्नु
Anhänger, Schüler v Buddha
        bhakta   भक्त
ankommen (hier), hierherkommen
        aaipugnu   आइपुग्नु
ankündigen, anzeigen
        prachaar garnu   प्रचार गर्नु
Ankunft
        aagaman   आगमन
anstatt
        saTTaa   सट्टा
anstecken, sich-(Krankheit)
        sarnu (rog)   सर्नु (रोग)

anstrengend, problematisch
    dukkha   दुःख

Antrag
    niwedan   निवेदन

Antwort
    jawaaph   जवाफ

anwenden, Ausdruck v Gefühlen
    laagnu   लाग्नु

anziehen(Rucksack) und tragen
    boknu   बोक्नु

anziehen, aufsetzen(Brille)
    lagaaunu   लगाउनु

anzünden (Ghat)
    baalnu   बाल्नु

Apfel
    syaau   स्याउ

Arbeit
    kaam   काम

Arbeit
    kaarya (Sanskrit)   कार्य (संस्कृत)

arbeiten(am Computer)
    (computer) chalaaunu चलाउनु
Arbeiter
    shramik श्रमिक
Arbeiter, Straßen-, Kofferträger
    kulli कुल्ली
Arbeiterpartei
    majdur ektaa मज्दुर एकता
Arbeiterschaft,
    majdur (Labour) मज्दुर
Archipel, Inselgruppe
    Taapu samuha टापु समूह
arm
    garib गरीब
Armreif
    chyuraa च्यूरा
Art
    kisim किसिम
Art und Weise
    swabhaab स्वभाव

Art und Weise
    tarikaa — तरिका

Art und Weise (des Kommens)
    kuraa (aaunu) — कुरा (आउनु)

Asche
    kharaani — खरानी

Ast
    haa:gaa — हांगा

Asthma
    dam — दम

Aubergine
    bhanTaa — भण्टा

auch
    pani — पनि

auffordern, befehlen
    arhaaunu — अऱ्हाउनु

Aufforstung
    brikshaaropan (garnu) — बृक्षरोपण (गर्नु)

auffüllen
    purnu — पुर्नु

Aufgaben, Pflichten
    kartabya   कर्तव्य

aufgehen (Sonne)
    udaaunu(surya)/   उदाउनु (सूर्य) /
    suryodaya hunu   सूर्योदय हुनु

aufhängen
    jhundyaaunu   झुण्ड्याउनु

aufhängen, auf die Leine h.
    rhaknu (Dorimaa)   राख्नु (डोरीमा)

aufhängen, Girlande, Moskitonetz
    Taangnu   टांग्नु

aufhängen, zum Trocknen
    sukaaunu   सुकाउनु

aufhören (regnen)
    rahanu (paani)   रहनु (पानी)

aufhören zu regnen
    rokinu / paani   रोकिनु /पानी

aufkleben, an-, befestigen
    Taa:snu   टाँस्नु

aufnehmen (Tonband)
      bharnu   भर्नु
aufräumen, Ordnung machen
      milaaunu   मिलाउनु
aufschlagen, ein-, kaputt-
      phuTnu   फुट्नु
aufspannen (Regenschirm)
      oDnu (chhaataa)   ओड्नु (छाता)
aufspießen, auf d Hörner nehmen
      haannu   हान्नु
aufstehen, -setzen, -wachen
      uThnu   उठ्नु
aufwachen
      biu:jhanu   बिउँझनु
Aufwandsentschädigung
      bhattaa   भत्ता
aufziehen (Haustiere)
      paalnu   पाल्नु
Auge
      aa:khaa   आंखा

auseinandergehen, in Ferien g.
    bidaa hunu   बिदाहुनु

auseinandergehen, s. trennen
    chhuTnu   छट्नु

auseinander- sortieren
    chhuTyaaunu   छुट्याउनु

ausreichen
    puryaaunu   पुऱ्याउनु

ausreichend sein, reichen
    pugnu   पुग्नु

ausruhen
    aaraam garnu   आराम गर्नु

Ausschuß
    Toli   टोली

aussortieren, (Gemüse) putzen
    kelaaunu   केलाउनु

aussteigen
    orlanu   ओर्लनु

aussteigen, aus dem Bus
    basbaaTa jharnu   बसबाट फर्नु

austauschen
    saaTnu   साट्नु

auswählen
    chhaanu   छ्याउनु

Auswirkung, Einfluß, Ergebnis
    asar   असर

Auto
    gaaDi   गाडी

Auto benutzen
    gaaDimaa hiDnu   गाडीमा हिड्नु

Auto fahren (wohin)
    gaaDimaa jaanu   गाडीमा जानु

außer
    baheek   बाहेक

außer (außer dir)
    baahek (tapaai: baahek)   बाहेक (तपाई बाहेक)

Bach
    kholaa   खोला

Backe
    gaalaa   गाला

bald
        chaa:Dai (+ Futur)   चाँडै
Balkon, Veranda
        baardali   बार्दली
Ballon, mit Wasser gefüllt
        lola   लोला
Bambus
        baa:s   बाँस
Bambus, kleiner Bambus
        nigaalo   निगालो
Banane
        keraa   केरा
Band, Schnürsenkel
        tunaa   तुना
Bart
        daari   दारी
Bauch
        peT   पेट
bauen
        banaaunu   बनाउनु

Bauer
        kisaan   किसान
Bauern (Newari im KTM-Tal)
        jyaapu   ज्यापू
Bauernhof
        kheti   खेती
Baum
        rukh   रुख
Baum
        vriksha (Sanskrit)   वृक्ष
Baumrinde, Borke
        bokraa   बोका
Baumstumpf
        ThuTaa   ठुटा
Baumwollstoff
        suti   सुति
Baumwolle (Rohmaterial)
        kapaas   कपास
Baustelle
        nirmaanaadhin   निर्माणाधिन

bedecken, verhüllen
    chhopnu — छोप्नु

bedeutend, wichtig
    mahatwapurna — महत्वपूर्ण

Bedeutung
    artha — अर्थ

Bedeutung, Wichtigkeit
    mahatwa — महत्व

beeindruckt sein
    prabhaawit hunu — प्रभावित हुनु

beenden
    siddhyaaunu — सिद्ध्याउनु

beenden, ausschöpfen
    sidhyaaunu — सिद्ध्याउनु

beenden, beendigen
    saknu/siddhinu — सक्नु/सिद्धिनु

beendet sein, zu Ende sein
    siddhinu — सिद्धिनु

beendet sein, zu Ende sein
    chhuTTi hunu — छुट्टि हुनु

beendigen(Woche geht zu Ende)
    bitnu   बित्नु

Beere
    ai:selu   ऐंसेलु

befehlen, auffordern
    lagaaunu   लगाउनु

Befreiung,Erlösung
    mukti   मुक्ति

beginnend
    shri   श्री

begrenzt
    simit   सिमित

begrüßen
    swaagat garnu   स्वागत गर्नु

Behandlung
    upachaar   उपचार

Behindertenheim
    apanga aashram   अपाङ्ग आश्रम

beide
    dubai   दुवै

Beispiel
    udaaharan   उदाहरण

Beispiel, zum Beispiel
    udaaharanko laagi   उदाहरणकोलागि

beißen, stechen
    Toknu   टोक्नु

bekannt
    nishchit   निश्चित

bekommen, geben
    paaunu   पाउनु

bellen (Hund)
    bhuknu (kukur)   भुक्नु (कुकुर)

Belohnung bekommen
    purashkaar dinu   पुरस्कार दिनु

benutzen, gebrauchen
    chalaaunu   चलाउनु

Berater
    sallaahaakaar   सल्लाहाकार

Beratung
    sallaahaa   सल्लाह

Bereich
: kshetra — क्षेत्र

Berg
: pahaaD — पहाड

bergab, absteigend, hinunter
: oraalo — ओरालो

bergan, ansteigend, hinauf
: ukaalo — उकालो

berühmt
: prakhyaat — प्रख्यात

berühmt
: prashiddha — प्रसिद्ध

berühren
: chhunu/chhoyo — छुनु/छोयो

beschäftigt, busy
: byasta — व्यस्त

Beschwörungsriten durchführen
: chintaa basnu — चिन्ता बस्नु

Besen
: kucho — कुचो

besichtigen
    ghumnu — घुम्नु

besondere Behandlung
    satkaar — सत्कार

besondere Behandlung
    bishesh kisimko byawahaar — विशेष किसिमको व्यवहार

besonderer Tag
    diwash — दिवश

besonders ...,zu.. (vor Adjektiven)
    atinai — अतिनै

besonders schön
    uttam — उत्तम

besonders viel, zu viel
    atinai dher — अतिनै धेर

besonders, von spezieller Art
    bishesh kisimko — विशेष किसिमको

besser geworden (Befinden)
    kam bhayo — कम भयो

besser werden, verbessern
   pragati garnu   प्रगति गर्नु
beste von allen
   sarwottam   सर्वत्तम
beste Wünsche
   shubha kaamanaa   शुभकामना
Besteck Löffel-Gabel
   chamchaa kaa:Taa)   चम्चा काँटा
bestellen
   maagnu   माग्नु
bestellen, Termin geben
   bolaaunu   बोलाउनु
bestohlen werden
   chori hunu   चोरी हुनु
besuchen
   bheTnu   भेट्नु
Besucher
   aagantuk   आगन्तुक
Bestrafung, Strafe
   sajaaya/sajaai (dinu)   सजायं (दिनु)

Deutsch	Nepali (transliteriert)	Nepali
betreffend, in Bezug auf	uparyukta	उपर्युक्त
betreffend, über, in Bezug auf	sambandhi	सम्बन्धी
Betriebswirtschaft	byawasthaapan	व्यवस्थापन
Betrug	Thag	ठग
betrunken sein	rakshi laagnu	रक्सी लाग्नु
Bett	khaaT	खाट
Bett	palang	पलङ्ग
Bett (Matratze und Bettzeug)	bistaaraa	बिस्तारा
betteln	maagnu	माग्नु
Bettler	maagne	माग्ने

Bettuch
    manDi   मण्डी

Bettzeug + Matratze
    ochhyaan   ओछ्यान

Bevölkerung
    janshankhyaa   जनसंख्या

bevor (Aktion) (nach Inf.)
    bhandaa aghi   भन्दा अधि

bewachen, aufpassen
    herbichaar garnu   हेरबिचार गर्नु

Bewässerung
    si:chaai   सिंचाई

Bewässerungskanal, groß
    nahar   नहर

Bewässerungskanal, klein
    kulo   कुलो

bewegen, sich bewegen
    chalnu   चल्नु

bewußtlos sein
    behosh hunu   बेहोश हुनु

Bewußtsein wiedererlangen
> hosh aaunu — होश आउनु

Bhimsen-Turm
> dharahara — धरहरा

Bild
> chitra — चित्र

Bild malen
> chitra banaaunu — चित्र बनाउनु

billig
> sasto — सस्तो

binden, knoten, Schleife binden
> baa:dhnu — बांध्नु

Birne
> naspaati — नास्पाती

bis heute
> ahilesamma — अहिलेसम्म

bis heute
> aaja sammaa — आज सम्म

bitter
> tito — तितो

Blase aufgehen (am Fuß)
    Thelaa phuThnu   ठेला फुठ्नु
Blase bekommen (am Fuß)
    Thelaa uThnu   ठेला उठ्नु
Blatt (Baum)
    paat   पात
Blattgemüse, grünes Gemüse
    saag   साग
blau
    nilo   निलो
blind
    andho   अन्धो
blitzen, Wetterleuchten
    bijuli chamkanu   बिजुली चम्कनु
blühen, aufblühen
    phulnu   फुल्नु
Blume
    phul   फुल
Blumenkohl
    kaauli   काउली

Blumentopf		
	gamalaa	गमला
Bluse		
	choli/cholo	चली/चोलो
Blut		
	ragat	रगत
Blut		
	rakta	रक्त
Blutegel		
	jukaa	जुका
Blutspende		
	raktadaan	रक्तदान
Boddhibaum (männlich)		
	bar	बार
Bogen (Pfeil +)(männlich)		
	dhanu	धनु
Bohne		
	simi	सिमी
Bohnenstengel, lange grüne -		
	boDi	बोडी

Boot
    Dungaa   डुंगा

Botanik
    udbhid   उद्भिद

Botschaft, Embassy
    raaj dutaabaas   राज दुतावास

Botschafter
    raajdut   राजदुत

braten
    bhuTnu   भुट्नु

brauchen, nötig haben
    chaahinchha   चाहिन्छ

braun
    khairo   खैरो

bräunen, brennen (Sonnenbrand)
    DaDnu, ghaamle...   डढ्नु, घामले

Braut
    dulahi   दुलही

Braut verabschieden (Eltern)
    anmaaunu   अन्माउनु

Bräutigam
> dulaahaa — दुलाहा

Brautschleier
> ghumTo — घुम्टो

brechen (Knochen)
> bhaa:chinu — भांचिनु

brennen (Feuer, Holz)
> balnu — बल्नु

brennen, verbrennen (Sonne)
> DaDhnu — डढ्नु

Brennholz
> daauraa — दाउरा

Brennnessel
> sisnu — सिस्नु

Brief
> patra (Sanskrit) — पत्र

Brief
> chiTThi — चिट्ठी

Briefmarke
> TikaT — टिकट

Briefumschlag
    khaam — खाम

Brille
    chashmaa — चश्मा

Brillenetui
    chashmako khol — चश्माकोखोल

bringen, mitbringen
    lyaaunu — ल्याउनु

Brot (jede Sorte)
    roTi — रोटी

brüchig, sehr alt
    thotre — थोत्रे

Brücke
    pul — पुल

Bruder, älter
    daai — दाइ

Bruder, jünger
    bhaai — भाइ

Brust
    chhaati — छाती

Buch
    kitaab   किताब
Buchstabe
    akshar   अक्षर
Buchstabe
    barna   वर्ण
bücken, sich bücken
    jhuknu   भुक्नु
Buddha
    buddha   बुद्ध
Buddha-Sprache
    paali bhaashaa   पाली भाषा
Büffel
    raa:gaa   रांगा
Büffelkuh
    bhai:si   भैंसी
Bügeleisen
    istri   इस्त्रि
bügeln
    istri lagaaunu/garnu   इस्त्रि लगाउनु/गर्नु

Bund
    muThaa   मुठा

bunt
    rangichangi   रङ्गिचङ्गी

Bürger
    naagarik   नागरिक

Bürgermeister
    nagar pramukh   नगर प्रमुख

Büro
    aDDaa   अड्डा

Büro
    kaaryaalaya   कार्यालय

Bus, fahren(der Bus fährt)
    bas hiDnu   बस हिड्नु

Camp
    shibir   शिविर

Chemie
    raasaayan   रासायन

chemisch
    raasaayanik   रासायनिक

Chetri-Kaste
    kshatri क्षेत्री
Cholera
    jhaaDaa-baantaa झाडा बान्ता
    (laagnu) लाग्नु
Choral singen
    bhajan gaaunu भजन गाउनु
Choral, religiöses Lied
    bhajan भजन
Chutney
    achaar अचार
clever
    chalaak चलाक
cremefarben
    ghiu rang घिउ रंग
Dach
    chhaanaa छाना
Dach decken
    chhaanaa chhaunu छाना छाउनु
danke
    dhanyabaad धन्यबाद

damals, zu der Zeit
    tyo belaa　　　　　त्यो बेला

Damm
    baa:dh　　　　　बांध

Dämmerung, Opferzeit/Hausgott
    saa:jh　　　　　सांझ

dann, danach
    tyaspachhi　　　　त्यसपछि

Dassai-Fest
    dashain　　　　　दशैं

dasselbe
    euTai　　　　　एउटै

dasselbe
    uhi　　　　　उहि

dasselbe
    ustai　　　　　उस्तै

dasselbe Essen
    ekai kisimko khaanaa एकै किसिमका खाना

Datteln
    chhokaDa　　　　छोकडा

Datum im Nepal. Kalender
    gate   गते

dauern
    laagnu   लाग्नु

Demokratie
    prajaatantra   प्रजातन्त्र

denken
    sochnu   सोच्नु

dennoch, trotzdem (nach konj.Verb)
    tarapani   तरपनि

Depositen
    muddati-khaataa   मुद्दती खाता

der...ste (Superlative)
    sabbhandaa   सबभन्दा

derselbe Preis
    euTai mol   एउटै मोल

deshalb
    tyaskaaran   त्यसकारण

Diamant
    hiraa   हिरा

Dichter
    padya   पद्य
dick
    moTo   मोटो
Dieb
    chori   चोरी
Dieb
    chor   चोर
Diener/Dienerin
    nokar/nokarni   नोकर र नोकर्नी
Dienstag
    mangalbaar   मङ्गलबार
Dienstleistung, Dienst
    sewaa   सेवा
dies (hier)
    yo   यो
diese Sache
    tyo kuraa   त्यो कुरा
diese Seite
    yetaapaTTi   यतापट्टि

Dieselöl
    maTTitel — मट्टितेल

Ding, Sachen
    saamaan — सामान

Dinge
    chijbij — चिजबिज

Diplomat
    kuTnitigya — कुटनीतिज्ञ

Direkt
    sojhai — सोझै

Direktor, Chief, Boss
    haakim — हाकिम

Diskussion
    sallaahaa (garnu) — सल्लाहा गर्नु

Distrikt
    jillaa — जिल्ला

Distrikt, Polizei-Büro
    jillaa prahari — जिल्ला प्रहरी
    kaaryaalaya — कार्यालय

Disziplin
    anushaasan — अनुशासन

Donnerkeil, Vajra	bajra	बज्र
donnern, Donnergrollen	sagar garjanu	सगर गर्जनु
Donnerstag	brihaspatibaar	वृहस्पतिबार
Donnerstag	bihibaar	बिहीबार
Donnerstag	gurubaar	गुरुबार
Doppelhacke/ Feldarbeit	kodaali	कदाली
Dorf, auf dem Land	gaau:	गाउँ
Dorf-berater	gaau:shabhaa	गाउँसभा
Dorfteil	waDaa	वडा
dort	tyahaa:	त्यहाँ

Dose
    Tin   टिन

Drachen (Kinder-)
    guDDi(Darjeeling)   गुड्डी(दार्जीलिङ्ग)

Draht, Kabel, dünnes-
    taar   तार

Drama, Theaterstück
    naaTak   नाटक

draußen
    baahira   बाहिर

drei 3
    tin - tinTaa   तीन-तीनटा

dreiundachtzig 83
    triyaasi   त्रियासी

dreiunddreißig 33
    tettis/te:tis   तेत्तिस/तेतिस

dreiundfünfzig 53
    tripanna   त्रिपन्न

dreiundneunzig 93
    triyaanabbe   त्रियानब्बे

dreiundsechzig 63
       trisaThi/trisaTThi   त्रिसट्ठी
dreiundsiebzig 73
       trihatar/trihattar   त्रिहत्तर
dreiundvierzig 43
       trichaalis   त्रिचालिस
dreiundzwanzig 23
       tehis, teis   तेइस
dreizehn 13
       terha   तेढ
dreißig 30
       tis   तीस
drinnen
       bhitra   भित्र
drittälteste Tochter
       saaili   साइली
dritter(Prüfung, Schule)
       tritiya   तृतिय
dritter (Reihenfolge)
       tesro   तेस्रो

Drogen
: laagu padaartha — लागु पदार्थ
Drogen, unter Drogen stehen
: maat laagnu — मात लाग्नु
drüben
: paari — पारी
drucken
: chhaapnu — छाप्नु
duften, gut riechen
: baasanaa aaunu — वास्ना आउनु
Dung
: gobar — गोबर
Dünger
: mal — मल
dunkel, kein Tageslicht
: aːdhyaaro — अंध्यारो
dunkel...(Farben)
: gaaDaa.... — गाडा
dünn
: dublo — दुब्लो

dunstig
        tuwaa:lo   तुंवालो
dunstig/neblig sein
        tu:waalo laagnu   तुवांलो लाग्नु
durch das Feld
        khetko baaTo bhaera   खेतकोबाटो भएर
Durchfall haben
        pakhalaa laagnu   पखाला लाग्नु
        (malaai)   (मलाई)
Durchschnitt
        sardar   सरदर
dürfen, tun dürfen
        garna hune   गर्न हुने
durstig sein
        tirkhaa laagnu   तिर्खा लार्ग्नु
durstig sein
        pyaas laagnu   प्यास लाग्नु
Dutzend
        darjan   दर्जन

ehe es nicht war
> nabhainjel — नभइन्जेल

Ehefrau
> srimati — श्रीमती

Ehemann
> srimaan — श्रीमान

Ei
> phul — फुल

Eichhörnchen
> lotharke — लोयर्के

eigen, eigener
> aaphno — आफनो

eilig haben, er hat es eilig
> hataar chha,(...laai) — हतार छ

eineinhalb Stunden
> DeDh ghanTaa — डढे घण्टा

einen Moment
> ekchhin — एकछिन्

einfach, leicht, komfortabel
> sukha — सुख

Einfluß haben, Auswirkung haben
        asar parnu   असर पर्नु

einfüllen/Wasser-
        bharnu/paani   भर्नु (पानी)

eingeladen sein
        nimto hunu   निम्तोहुनु

eingeweiht
        udhghaatan   उद्घाटन

eingießen(Tasse), füllen, aus-
        bharnu   भर्नु

Einheit
        ekataa   एकता

einige (Dinge)
        kehi   केही

einige (Menschen)
        kohi   कोही

einige Jahre noch
        kehi barsha   केही बर्ष

Einkauf
    kinmel   किनमेल

einkaufen
    kinmel garnu   किनमेल गर्नु

Einkommen
    aayaa   आया

Einkommen
    aamdaani   आम्दानी

Einkommen, Verdienst
    talab   तलब

Einkommensquelle
    aaya srot   आय स्रोत

einladen
    nimantranaa dinu   निमन्त्रणा दिनु

einladen
    nimto dinu   निम्तोदिनु

Einladung
    nimantranaa   निमन्त्रणा

einmal
    ek paTak   एक पटक

einnässen
    pishaab garnu — पिसाब गर्नु

eins 1
    ek - euTaa — एक एउटा

Einsamkeit
    eklopanaa — एक्लोपना

einschalten, anmachen(TV, Radio)
    Radio..kholnu — रेडियो खोल्नु

einschlafen(auch Glieder)
    nidaaunu — निदाउनु

einschmieren, auftragen
    lagaaunu — लगाउनु

einsteigen, in den Bus
    basmaa chaDnu — बसमा चढ्नु

eintauchen, eintunken
    chobnu — चोब्नु

Eintrittskarte, Fahrkarte
    TikaT — टिकट

einundachtzig 81
    ekaasi — एक्काइस

einunddreißig 31
    ektis — एकतीस
einundfünfzig 51
    ekaaunna — एकाउन्न
einundneunzig 91
    ekaanabbe — एकानब्बे
einundsechzig 61
    eksaThi/eksaTThi — एकसठी/एकसट्ठी
einundsiebzig 71
    ekatar/ekahattar — एकहत्तर
einundvierzig 41
    ekchaalis — एकचालिस
einundzwanzig 21
    ekkaais — एक्काइस
einwerfen(Post)
    khasaalnu — खसाल्नु
Einwohner-Register
    basaai:-saraai — बसाई सराई
    dartaa — दर्ता
einzeln, verschieden
    pharak — फरक

Eis, Glatteis
    tusaaro (parnu)   तुषारो (पर्नु)

Eisen
    phalaam   फलाम

Eisenbahn
    rel   रेल

Eisenbahn, fahren (d.E. fährt)
    rel hiDnu   रेल हिड्नु

Eisenbahnwagen, Waggon
    dabbaa   डब्बा

Eisenstange
    DanDi   डण्डी

ekeln, sich -, eklig sein
    ghin laagnu   घिन लाग्नु

Elefant
    haatti   हात्ती

Elefantenbulle
    matta   मत्त

Elektrizität
    bidhut   विद्युत

elf 11
   eghaara   एघार
Ellenbogen
   kuhinaa / kuinaa   कुहिना / कुइना
Elternhaus d Frau nach Heirat
   maaiti   माइती
Empfehlung schreiben
   siphaarish,   सिफारिश
   garnu/lekhnu   गर्नु/लेख्नु
Ende, zu - sein(Büro, Schule)
   chhuTnu   छुट्नु
enge Freunde
   milne saathi   मिल्ने साथी
England
   belayat   बेलायत
englischer Kalender (21.März)
   taarikh(ekkais
   taarikh march)   तारीख
Enkel
   naati   नाती

Enkelin
        naatini   नातिनी

entdecken
        pattaa lagaaunu   पत्ता लगाउनु

entdecken
        awishkaar garnu   आविष्कार गर्नु

entfliehen, davonlaufen
        bhaagnu   भाग्नु

Entscheidung (treffen)
        nirnaya (garnu)   निर्णय (गर्नु)

entschließen, sich entschließen
        bichaar garnu   विचार गर्नु

entschuldigen Sie bitte
        maaph garnus   माफ गर्नुस्

enttäuscht sein
        dukka laagnu   दुख लाग्नु

entwickeln
        bikaas garnu   बिकास गर्नु

entwickeln (Film)
        saphaa garnu   सफा गर्नु

entwickelt
    bikasit — बिकसित

Entwicklung
    bikaas — बिकास

entzünden, sich -, anschwellen
    ghaau hunu — घाउ हुनु

Epilepsie
    chhaarerog — छारे रोग

Erbsen
    keraau — केराउ

Erbsschote
    maTar kossa — मटर कोसा

Erdbeben
    bhukampa (jaanu) — भुकम्प (जानु)

Erdbeben
    bhui:chaalo (jaanu) — भूईचालो जानु

Erdbeere
    bhu:i ai:selu — भूई ऐसेलु

Erde, Lehm
    maaTo — माटो

Erdnuß	badaam	बदाम
Erdrutsch	pahiro	पहिरो
Erdwall (Reisfeld)	aali (khetko)	आली (खेतको)
Ereignis	kaanDa	काण्ड
Ereignis	ghaTanaa	घटना
Erfolg	saphaltaa	सफलता
Erfolg haben	saphaltaa paaunu	सफलता पाउनु
Ergebnis	natijaa	नतिजा
erhöhen	baDaaunu	बढाउनु
Erhöhung, Vergrößerung	briddhi	बृद्धि

Erikanuß
    supaari   सुपारी
erinnern (sich)
    samjhanu (maile)   सम्झनु (मैले)
erinnern, jmdn
    samjhaaunu   सम्झाउनु
erinnern, überlegen, denken
    samjhanu   सम्झनु
erkältet sein, niesen
    rughaa laagnu   रुघा लाग्नु
    (malaai)   (मलाई)
erklären
    barnan garnu   बर्णन गर्नु
erlauben, Erlaubnis geben
    anumati dinu   अनुमति दिनु
Erlaubnis
    anumati   अनुमति
Erntekorb (Bambusgeflecht+
    Dung)
    bhakaari   भकारी

ernten
    baali bhitryaaunu   बाली भित्र्याउनु
Erosion
    bhuchhaya   भू-क्षय
Erosion, Bodenerosion
    bhukshaya   भू-क्षय
erreichen, hinkommen
    pugnu   पुग्नु
erschöpft sein
    thakaai laagnu   थकाई लाग्नु
erschrecken
    tarsaaunu   तर्साउनु
erster (Prüfung, Schule)
    pratham   प्रथम
erster(Reihenfolge)
    pahilo   पहिलो
Erwachsener
    prauDh   प्रौढ

Erzieherin
: keTaakeTiko — केटाकेटीको
: guruaamaa — गुरुआमा

Erzieherin
: naaniharuko — नानीहरुको
: guruaamaa — गुरुआमा

Erziehung
: shikshaa — शिक्षा

Erziehungsminister
: shikshaa mantri — शिक्षामन्त्री

Esel
: gadhaa — गधा

essen
: khaanu — खानु

etwas anderes, andere Sache
: arko kura — अर्को कुरा

Examenskandidat
: parikshaarthi — परीक्षार्थी

existieren
: rahanu — रहनु

explodieren, bersten		
	paDkanu	पड्कनु
Explosion, zur E. bringen		
	paDkaaunu	पड्काउनु
exportieren		
	paThaaunu	पठाउनु
externe(Schüler)		
	diwaa	दिवा
extra		
	phaaltu	फाल्तु
extrem, besonders		
	ekdam	एकदम
Fabrik (klein), Herstellungsst		
	bhaTTa	भट्ट
Fabrik, Herstellungsstätte		
	kaarkhaanaa	कारखाना
Fach (Schule)		
	bishaya	बिषय
Fachmann, Kundiger		
	bid / bidwaan	विद्/विद्वान

Fahne, Flagge		
	jhanDaa	झण्डा
fahren (Auto steuern)		
	haa:knu	हांक्नु
fahren(mit dem Bus)		
	chaDnu	चढ्नु
fahren,mit dem Bus		
	basmaa	बसमा
	aaunu / jaanu	आउनु/जानु
Fahrer		
	chaalak	चालक
Fahrpreis		
	bhaaDaa	भाडा
Fahrpreis		
	kiraai / kiraaya	किराइँ/किराया
falsch		
	galti	गल्ती
falsch		
	galat	गलत
Familie		
	pariwaar	परिवार

Familie (Dorfsprache)
    jahaan — जहान

Familienoberhaupt
    pariwaarko pramukh maanchhe — परिवारको प्रमुख मान्छे

Farbe
    rang — रङ्ग

Fasan
    kaalij — कालिज

Fasttag
    brata — व्रत

faul (Adjektiv)
    alchhe — अल्छे

faul sein
    alchhi laagnu — अल्छि लाग्नु

faulig
    saDeko — सडेको

Feder
    bhutlaa — भुत्ला

fegen
    baDhaarnu — बढार्नु

feiern
        manaaunu   मनाउनु

Feigen, Feigenbaum (eßbar)
        nibhaaro   निभारो

Feigenbaum, nepal. Sorte
        dudhilo   दुधिलो

Feld (mit Bewässerung, Reis-)
        khet   खेत

Feld (ohne Bewässerung)
        baari   बारी

Feld-Messer, gebogenes Messer
        ha:siya / aa:si   हँसिया/आँसी

Fell
        chhaalaa   छाला

Fenchel
        shop   पसल, दुकान

Fenster
        jhyaal   भ्याल

Fensterrahmen
        chaukos   चौकोस

Ferien, Feiertag
      bidaa   विदा

Fest (öffentlich), Festtag
      chaaD   चाड

Fest, Party, Feier (privat)
      bhoj   भोज

feste Zeit
      nishchit samaya   निश्चित समय

fester Preis
      ek daam   एक दाम

festnehmen, festhalten
      samaatnu   समात्नु

Festversammlung (religiös)
      jaatraa   जात्रा

fett
      chillo   चिल्लो

feucht
      chiso   चिसो

Feuer anmachen, - anfachen
      baalnu   बाल्नु

Feuer, Holzfeuer
    aago   आगो
Fieber haben
    jwaro aaunu   ज्वरोआउनु
    (malaai)   (मलाई)
Film, Kino
    sinemaa   सिनेमा
Film, Photo-
    ·ril   रिल
finanziell
    aarthik   आर्थिक
Finger
    au:laa   औंला
Fingernagel
    nang   नङ्
Fingernägel kauen
    nang Toknu   नङ् टोक्नु
Firma
    nigam   निगम
Firma
    sansthaa   संस्था

Fisch
    maachhaa — माछा

fischen
    maachhaa maarnu — माछा मार्नु

Fischernetz
    jaal — जाल

Fischzucht
    maachhaako bhuraa — माछाको भुरा
    utpaadan — उत्पादन

flach, eben
    terso — तेर्सो

flach, eben
    samtal — समतल

Flachdach
    khushi — खुशी

Flasche
    sisi — सिसी

Fleck haben / machen
    daag laagnu — दाग लाग्नु

Fleisch
    maasu — मासु

fleißig (Adjektiv)
    jaa:garilo — जांगरिलो

fleißig sein
    jaa:gar laagnu — जाँगर लाग्नु

Fliege
    jhi:gaa — झिंगा

fliegen
    uDnu — उड्नु

Fliegengitter, Fliegenfenster
    jaali — जाली

fließen
    bagnu — बग्नु

Flugzeug
    hawaai jahaaj — हवाई जहाज

Flugzeug, fliegen (d.F. fliegt)
    hawaai jahaaj uDnu — हवाई जहाज उड्नु

Flut, Überschwemmung
    baaDhi   बाढी

Fluthöhe
    paaniko uchaai   पानीको उचाई

Fluß
    nadi   नदी

Forderung
    aagraha   आग्रह

Form
    aakaar   आकार

forschen
    anusandhaan garnu   अनुसन्धान गर्नु

Forschung
    khoji anusandhaan   खोजी अनुसन्धान

Forstabteilung
    ban bibhaag   वन विभाग

Forstangestellter, Waldarbeiter
    ban samrakshak   वन संरक्षक

Fortschritt
    unnati   उन्नति

Fortschritt
> pragati — प्रगति

fortsetzen, weitermachen
> gardai jaanu — गर्दै जानु

fotografieren
> phoTo khichnu — फोटो खिच्नु

Frage
> prashna — प्रश्न

fragen
> sodhnu — सोध्नु

fragen nach, bitten um
> maagnu — माग्नु

fragen, um Erlaubnis fragen
> anumati linu — अनुमति लिनु

Frau
> mahilaa — महिला

Frau, Erwachsene
> swasni manchhe — स्वास्नी मान्छे

frei
> mukta — मुक्त

Freitag
    sukrabaar   शुक्रबार
Freizeit
    phursad   फुर्सद
Fremde
    bideshi   बिदेशी
Freund
    saathi   साथी
Freunde, enge Freunde
    mit   मित
Freundin
    keTi saathi   केटी साथी
Friede
    shaanti   शान्ती
Friedhof
    chihaan   चिहान
frieren(ich friere)
    jaaDo laagnu   जाडो लाग्नु
    (malaai)
frisch
    taajagi   ताजगी

frisch (Luft, Lebensmittel)
    taajaa — ताजा
fröhlich feiern
    khushi manaaunu — खुशी मनाउनु
Frontlinie
    gheraa — घेरा
Frosch
    bhyaaguto — भ्यागुतो
fruchtbar
    malilo — मलिलो
früh, vorzeitig
    chaa:Dai — चांडै
frühmorgens
    bihaani pakh — विहानी पख
Frühstück
    khaajaa — खाजा
fühlen
    sochnu — सोच्नु
fühlen
    mahashus garnu — महशुस गर्नु

Führer (Partei)
    netaa   नाता

fünf 5
    paa:ch   पांच

fünfundachtzig 85
    pachaasi/pachyaasi   पचासी

fünfunddreißig 35
    pai:tis   पैंतीस

fünfundfünfzig 55
    pachpanna   पचपन्न

fünfundneunzig 95
    panchaanabbe   पन्चानब्बे

fünfundsechzig 65
    pai:saThi/pai:saTThi   पैसठी/पैसट्ठी

fünfundsiebzig 75
    pachatar/pachahattar   पचहत्तर

fünfundvierzig 45
    pai:taalis   पैतालीस

fünfundzwanzig 25
    pachchis   पच्चिस

fünfzehn 15
    pandhra — पन्ध्र

fünfzig 50
    pachaas — पचास

für
    laagi, ...ko laagi — लागि, कोलागि

Furcht
    Dar — डर

furchterregend
    Darlaagdo — डरलाग्दो

Fußboden
    bhu:i — भूंई

Fußsohle
    paitalaa — पैताला

Fuß, Bein
    khuTTaa — खट्टा

gab es (Verg paainchha)
    paaiyo — पाइयो

Gabel
    kaa:Taa — कांटा

gähnen
        haai aaunu   हाइ आउनु

Gans
        haa:s   हाँस

ganzer Tag
        dinbhari   दिनभरी

Garn, Faden
        dhaago   धागो

Garten
        bagai:chaa   बगैंचा

Gärtner
        maali   माली

Gast
        paahunaa   पाहुना

Gästebuch, Besucherbuch
        aagantuk pustikaa   आगन्तुक पुस्तिका

Gebäck, rund süß ölig
        sel roTi   सेल रोटी

gebären
> janmaaunu   जन्माउनु

gebaut
> banaaeko   बनाएको

gebaut werden
> bannu   बन्नु

geben
> dinu   दिनु

Gebetsfahne
> dhajaa   धजा

gebildet, ausgebildet
> shikshit   शिक्षित

geboren werden
> janmanu   जन्मनु

gebraten
> bhuTeko   भुटेको

Gebrauch
> prayog   प्रयोग

gebrauchen, ausgebildet
> prayog garnu   प्रयोगगर्नु

Geburten-Register
　　janmadartaa　　जन्म दर्ता
Geburtsklinik
　　prashuti griha　　प्रसुती गृह
　　(Sanskrit)
Geburtsklinik
　　sutkeri aspataal　　सुत्केरी अस्पताल
　　(Nepali)
Geburtstag
　　janmadin　　जन्मदिन
Geburtstag von Berühmtheiten
　　jayanti　　जयन्ती
Gecko
　　bhitti　　भित्ति
gedanklich beschäftigt
　　chintaa　　चिन्ता
Gedicht
　　kabitaa　　कविता
gefährlich
　　khataraa　　खतरा

gefährlich
: khatarnaak खतरनाक
gefallen, gern haben, mögen
: man parchha(malaai) मन पर्छ
gefallen, gerne tun, (malaai+Verb..na)
: man laagyo मन लाग्यो
Gefangener
: kaidi कैदी
Gefängnis
: kaaraagaar कारागार
gefroren, gereift
: tusaaro तुसारो
Gefühl
: sachchaai सच्चाई
gegen (nachgestellt)
: biruddha बिरुद्ध
Gegend
: Thaa:u ठाउँ
geheilt werden
: niko hunu निको हुनु

geheilt, ist (Verg) geheilt worden
    niko bhayo   निको भयो

Geheimnis
    gopya   गोप्य

gehen
    hiDnu   हिड्नु

gehen, weg-, hin-
    jaanu   जानु

Gehirn
    mastishk   मस्तिस्क

Geist
    bhut (laagnu)   भूत (लाग्न)

Geist beschwören
    jokhaanaa hernu   जोखाना हेर्नु

Geist, tote Seele
    mritaatmaa   मृतात्मा

Geistheiler
    jhaa:kri   झांक्री

Geistheiler, Anrede
    dhaami-jhaa:kri   धामी झांक्री

Geistheiler, Anrede
    dhaami — धामी

Geistheilerritual durchführen
    jhaa:kri basnu — झांकी बस्तु

gekocht (Essen)
    pakaaeko — पकाएको

gekonnt werden (passiv)
    sakinu — सकिनु

gelb
    pahe:lo — पहेलो

Geld
    paissaa — पैसा

Geldstrafe verhängen
    jariwaanaa garaaunu — जरिवाना गराउनु

Gelegenheit
    maukaa — मौका

gelehrt
    gyaani — ज्ञानी

Gelehrter, Weiser
    bidwaan — विद्वान

gemäß, entsprechend
> anusaar — अनुसार

Gemüse
> tarkaari — तरकारी

Gemüsegarten
> baari — वारी

Gemüsegarten, Küchengarten
> koThebaari — कोठेबारी

genau wie dieses
> yastai — यस्तै

genau wie jenes
> tyastai — त्यस्तै

genauso groß
> jatrai (chha) — जत्रै (छ)

genauso groß (ist nicht ....)
> jatro (chhaina) — जात्रो (छैन्)

Genehmigung
> swikriti — स्वीकृति

Genehmigung erteilen
> anumati dinu — अनुमति दिनु

genug sein, es reicht
> pugnu — पुग्नु

geöffnet
> koleko — कोलेको

Gepäck
> bhaari — भारी

geradeaus
> sidhaa — सिधा

Gericht
> adaalat — अदालत

Gerste
> jau — जौ

Geruch
> baasanaa — बास्ना

Geschäft
> byapaar — व्यापार

Geschäfte machen
> byapaar garnu — व्यापार गर्नु

Geschäftskonto
> chalti-khaataa — चल्ती खाता

Geschäftsmann
    byapaari   व्यापारी

Geschenk
    upahaar   उपाहार

Geschenk, als - kaufen
    kini dinu   किनी दिनु

Geschichte, Erzählung
    kathaa   कथा

geschickt, clever
    baaTho   बाठो

geschieden sein
    paarpaachuke hunu   पारपाचुके हुनु

geschieden werden
    paarpaachuke parnu   पारपाचुके पर्नु

Geschirr spülen
    bhaa:Daa maajhnu   भांडा माझ्नु

Geschirr, Topf
    bhaa:Daa   भांडा

geschlossen
    banda   बन्द

Geschmack	swaad	स्वाद
geschmacklos	khallo	खल्लो
geschmackvoll, gewürtzt	swaadilo	स्वादिलो
geschwächt	kamjor	कमजोर
Gesetz	kaanun	कानून
Gesetz	byawasthaapikaa	व्यवस्थापिका
Gesetz	sadan	सदन
Gesicht	anuhaar	अनुहार
Gestank	gandha	गन्ध
gestern	hijo	हिजो

gestorben
    mareko   मारेको

gesund
    baliyo   बलिया

gesund
    swaasthyabardhak   स्वास्थ्यवर्धक

Gesundheitsangestellter VHW
    graamin swaastha   ग्रामिण स्वास्थ
    kaaryakartaa   कार्यक्रम

Gesundheitsminister
    swaasthya mantri   स्वास्थ्य मन्त्री

Gesundheitsstation, Health Post
    swaasthya chauki   स्वास्थ्य चौकी

Getreide
    anna   अन्न

getrocknete Blätter f d Suppe
    gundruk   गुन्दुक

Gewalt
    hi:saa   हिंसा

gewaltsam
    ugrabaadi   उग्रवादी

Gewehr
: banduk — बन्दुक

Gewichtseinheit, ca 1/2 Kilo
: maanaa — माना

gewinnen (Sport)
: jitnu — जित्नु

Gewitter, blitzen und donnern
: chaTyaang parnu — चट्याङ् पर्नु

Gewohnheit
: baani — बानी

Gewohnheit, Aktivität
: byawahaar — व्यवहार

Gewürz
: masalaa — मसला

Gift
: bish — विष

Gift
: jahar — जहर

Glas
: gilaas — गिलास

glatt, ölig, klebrig
> chillo चिल्लो

Glaube
> bishwaas बिश्वास

glauben, an etwas
> bishwaas laagnu बिश्वास लाग्नु

glauben, jmdm
> bishwaas garnu, (...laai) बिश्वास गर्नु (लाई)

gleich
> baraabar बराबर

gleich
> ekkai एक्कै

gleich groß
> utrai उत्रै

Glocke, groß
> ghanTaa घण्टा

Glocke, klein
> ghanTi घण्टी

Glück
> shubha शुभ

Glück
: bhaagya — भाग्य

Glück bringen
: phaapnu — फाप्नु

glücklich für immer
: sukhi (hunu) — सुखी (हुनु)

glücklich sein, froh sein
: khushi laagnu — खुशी लाग्नु

glücklich, gut
: shubha — शुभ

Glücksspiel mit Würfeln
: juwaa (khelnu) — जुवा (खेल्नु)

Glückstag
: shubha din — शुभ दिन

golden
: sunaulo rang — सुनौलो रङ्ग

Gott
: dewataa — देवता

Gott, Name
: dattatreya — दत्तात्रेय

graben, begraben
    gaaDnu   गाड्नु

Graben, großes Loch
    gaDDaa   गड्ढा

Granatapfel
    anaar   अनार

Granatäpfel ohne Samen
    bedaanaa anaar   बेदाना अनार

Gras
    ghaas   घांस

Gras, Grünzeug
    ghaa:s   घांस

grasen
    charnu   चर्नु

Gratulation
    badhaai   बधाई

gratulieren
    badhaai dinu   बधाई दिनु

grau, aschfarben
    kharaani rang   खरानी रङ्ग

Greis, Opa, alter Mann	buDhaa	बुढा
Grenze	simaanaa	सिमाना
Großvater	baaje	बाजे
Großmutter	bajai	बजै
groß	Thulo	ठूलो
groß (in Bezug auf Höhe)	aglo	अग्लो
grün	hariyo	हरियो
Grund, Meeresgrund	pi:d	पिध
Gruppe	samuha	समूह
Guave	ambaa	अम्बा

gucken, genau hinsehen
    hernu — हेर्नु
Gummiband reinmachen
    elastik lagaaunu — इलास्टिक लगाउनु

Gurke
    kaa.kraa — कांका
Gutschein, Versprechen
    kabul — कबुल
Haare
    kapaal — कपाल
Haare (kurz)
    kesh — केश
Hacke, klein / Feldarbeit
    kuTo — कुटो
hacken, graben
    khannu — खन्नु
    (kuTo /odaali) — (कुटो / कोदाली)
Hahn
    bhaale — भाले

halb, ein-(zwischen 0 und 1)
    aadhaa — आधा

halb, vorangestellt 2 1/2
    saa:Dhe — सांढे

Hälfte
    ardha (Sanskrit) — अर्ध

Hals
    gardhan — गर्दन

Halstuch, Schal
    galbandi — गलबन्दी

halten, anhalten
    roknu — रोक्नु

Hand
    haat — हात

Hand
    hasta (Sanskrit) — हस्त

Hand lesen, aus der Hand lesen
    Hastarekhaa hernu — हस्तरेखा हेर्नु

Hände vereinigen, z Frau geben
    kanyaadaan — कन्यादान

Handel
    byaapaar   व्यापार
handeln, feilschen
    molmolaai garnu   मोलमोलाई गर्नु
Handleser
    hastarekhaa bid   हस्तरेखा विद
Handtrommel eines
    Dhyaangro(Jhaankri)   ढ्यांग्रो (झाकी)
Handtuch
    Thulo rumaal   ठूलो रुमाल
Hängebrücke
    jholunge pul   झोलुङ्गे पुल
Hängekorb für Babys
    kokro   कोको
hängen, sich erhängen
    jhunDinu   भुण्डीनु
Haarbüschel am Hinterkopf
    Tuppi   टुप्पी
hart
    kaDaa   कडा

hart arbeiten
    shram garnu — श्रम गर्नु

hartgekochtes Ei
    puraa / purai paakeko phul — पूरा / पुरी पाकेको फुल

hauptsächlich
    mukhya — मुख्य

Hausaufgaben
    grihakaarya — गृहकार्य

Hausaufgaben machen
    grihakaarya garnu — गृहकार्य गर्नु

Hausfrau
    grihini — गृहिनी

Haushalt
    gharelu kaam / gharko kaam — घरेलु काम / घरको काम

Haushalt
    grihasti — गृहस्थि

Hauswirt
    ghar maalik — घर मालिक

Hauswirt
    ghardhani — घरधनी
Hauswirt, Vermieter
    gharwalaa — घरवाला
Haut
    chhaalaa — छाला
Hautkrankheiten
    ghaau khaTiraa — घाउ खटिरा
häßlich, unschön
    kurup — कुरुप
Hebamme
    dhaai — दाइ
Heft
    kaapi — कापी
Heft
    khaataa — खाता
heilig, religiös
    dhaarmik — धार्मिक
heilige Schnur
    janaai — जनै

Deutsch	Nepali (Transliteration)	Nepali
Heim, Haus	aashram	आश्रम
Heirats-Register	bihaadartaa	बिहादर्ता
heizen	tataaunu	तताउनु
heiß (Wetter)	garmi	गर्मी
helfen	maddat garnu	मद्दत गर्नु
helfen (bei kleinen Dingen)	saghaaunu	सघाउनु
hell, Sonnestrahlen	kiran	किरण
hell... (Farben)	halkaa......	हल्का
Hemd	kamij	कमिज
Henne	pothi	पोथी

heranwinken
        bolaaunu   बोलाउनु

herausgehen, verlassen
        niklanu   निक्लनु

herausnehmen
        nikaalnu   निकाल्नु

herausnehmen
        jhiknu   झिक्नु

herausziehen
        uThaaunu   उठाउनु

Herd, Backofen
        chulaa   चुला

hereinkommen (zB ins Zimmer)
        pasnu   पस्नु

Herr, Gott (Anredeform)
        shri   श्री

Herr, Herrchen/ Tiere, Mann
        maalik   मालिक

herum, drumherum, rundherum
        waripari   वरीपरी

herunterfallen(Blätter/Baum)
    khasnu   खस्नु
herunterspringen
    phaal haalnu   फाल हाल्नु
Herz
    muTu   मुटु
Herzattacke
    rhidaya ghaat   हृदयघात
Herzkrankheit
    muTuko rog   मुटुको रोग
herzlichen Glückwunsch z Gebtg
    shubha janmadin   शुभ जन्मदिन
heute abend(es ist Abend)
    aaja belukaa   आज बेलुका
heute abend (ist noch nicht A)
    bhare belukaa   भरे बेलुक
Hexe, Geist
    boksi   बोक्सी

Hilfe leisten, helfen (groß)
       sahayog garnu(madat garnu)
                              सहयोग गर्नु

Hilfskraft
       peon   पियन

Himmel
       aakaas   आकाश

Himmel, in den- gekommen
       shwaargabaasi   स्वर्गवासी

Himmel, Paradies(Gegens.Hölle)
       shwaarga   स्वर्ग

Himmelsrichtung
       dishaa   दिशा

hinauswerfen
       nikalnu , baahira   निकाल्नु, बाहिर

hinbringen
       puryaaunu   पुऱ्याउनु

Hinduglauben,nach Hinduglauben
       Hindu bishwaas   हिन्दु बिस्वास
       anusaar   अनुसार

Hindus, bei den Hindus
: Hinduharuko anusaar हिन्दुहरुको अनुसार
hineinfallen
: dubnu डुब्नु
hineintun, (zB Zucker in Tee)
: haalnu हाल्नु
hinter (örtlich)
: pachhaadi पछ्याडि
hinterher (Fortbewegung)
: pachhi-pachhi पछि पछि
hinterher stellte ich fest.daß
: rahechha / rahechhan रहेछ / रहेछन
hinunterspringen
: haamphalnu हाम्फाल्नु
Hirse
: kodo कोदो
Hirte
: gothaalaa गाठाला
Hirte mit Pferd
: sais सइस

Hitzepöckchen
    ghamauraa — घमौरा

Hochzeit
    bihaa — बिहा

Hochzeitsessen- Schüssel, groß
    khadku:laa — खड्कुँला

Hochzeitstag
    barsha-gaa:th — वर्षगाँठ

Hocker
    piraa — पीरा

Hof
    aa:gan — आँगन

Hof
    rachyaan — रछ्यान

Höhe
    uchaai — उचाई

Höhle
    guphaa — गुफा

Hölle
    narka — नर्क

Holz
: kaaTh — काठ
Holzklotz
: muDaa — मुड़ा
Holzstoß anzünden(Totenritus)
: jalaaunu — लाउनु
Honig
: maha — मह
Honigmelone
: kharbujaa — खर्बुजा
Hose
: paainT — पाइन्ट
hübsch, schön
: sundar — सुन्दर
Huf
: khur — खुर
Hüfte
: kamar — कमर
Hügel
: Daa:Daa — डाँडा

Hühner, Geflügel
    kukhuraa — कुखुरा

hundert 100
    saya / syau — सय/सौ

hunderttausend 100.000
    laakh — लाख

hungern
    bhokai basnu — भोकै बस्नु

hungrig sein
    bhok laagnu — भोक लाग्नु

hüpfen, hochspringen
    uphranu — उफ्रनु

husten
    khoki laagnu(malaai) — खोकी लाग्नु (मलाई)

husten
    khoknu — खोक्नु

Hütte für religiöse Riten
    manDap — मण्डप

ich bin dran
    mero paalo ho — मेरो पालो हो

im Zimmer
    sang sangai — संग संगै
imaginieren, sich vorstellen
    jasto laagnu — जस्तो लाग्नु
immer
    sadhai: — सधैं
importieren
    jhikaaunu — झिकाउनु
importiert werden
    jhikaainchha — झिकाइन्छ
in der Luft sein
    uDnu — उड्नु
in Ordnung bringen, schlichten
    milaaunu — मिलाउनु
Indien
    Bharat — भारत
Infektion, ansteckende Krankh.
    saruwaa rog — सरुवा रोग
Ingwer
    aduwaa — अदुवा

Insekten
: kiraa — किरा

Insel
: Taapu — थापु

Institut
: sansthaan — संस्थान

Institut der Uni
: saakhaa — शाखा

Instrument
: baajaa — बाजा

Instrument spielen
: baajaa bajaaunu — बाजा बजाउनु

interessant (-er Mensch)
: ramaailo — रमाइलो

interessant (Buch, Geschichte)
: chaakh laagdo — चाख लाग्दो

Internats-Schüler
: aawaashiyaa — आंवासीय

irgendetwas
: kehi chij — केही चीज

irgendwann einmal
    kahilei — कहिल्यै
irgendwann heute, nachher
    bhare bhare — भरे भरे
ja (höflich)
    hajur — हजुर
Jackfruit
    rukhkaTahar — रुख कटहर
Jagd
    shikaar — शिकार
jagen
    shikaar khelnu — शिकार खेल्नु
Jäger
    shikaari — शिकारी
Jahr
    barsha — बर्ष
Jahr (westl. Kalender)
    saal — साल
Jahresumsatz
    baarshik aaya — बार्षिक आय

Jahreszahl, westl Kalender
       saalmaa   सालमा

jedenfalls, trotzdem
       je hos   जे होस्

jeder
       harek   हरेक

jeder
       pratyek   प्रत्येक

jene Seite
       utaapaTTi   उत्तापट्टि

jenes (dort)
       tyo   त्यो

jetzt
       ahile   अहिले

jetzt
       aba   अब

jetzt, zur Zeit
       aajabholi   आजभोली

jucken
       chilaaunu   चिलाउनु

Jugend
    yuwaa   युवा

Jugendliche(weibl)
    ThiTi   ठिटी

Jugendliche(weibl.)
    yauwati   युवती

Jugendlicher(männl)
    ThiTaa   ठिटा

Jugendlicher (männl.)
    yuwak   युवक

Junge
    keTaa   केटा

Junge
    baabu   बाबु

Junge bekommen (Tiere)
    byaaunu   ब्याउनु

jüngste Tochter
    kaanchhi   कान्छी

Jupiter
    brihaspati   बृहस्पती

Kabel, dickes -
        laThThaa   लट्ठा

Kakerlake
        saanglaa   साङ्गला

Kalender von Nepal
        paatro   पात्रो

kalt (Dinge)
        chiso   चिसो

kalt (Wetter)
        jaaDo   जाडो

kalter Krieg, Spannung
        dwanda   द्वन्द्व

Kamm
        kaangiyo / kaangiò   काँगियो

kämmen, striegeln(Pferde)
        kornu   कोर्नु

Kampf, Krieg
        laDaai: लडाईं

Kaninchen
        kharaayo   खरायो

Kante, Rand
    kinaaraa   किनारा

kaputt sein(zerstört)
    bhatkanu   भत्कनु

kaputt sein,unnütz sein
    bigranu   बिगार्नु

Kardamom
    alai:chi   अलैंची

Karte, Landkarte, Stadtplan
    naksaa   नक्शा

Kartoffel
    aalu   आलु

Kartoffeln kochen
    aalu usinnu   आलु उसिन्नु

Karton, Box
    baakas   बाकस

Kaste
    shreshTha   श्रेष्ठ

Kaste
    kami   कामी

Kaste
- jaat — जात

Kaste (Brahmin)
- datta — दत्त

Kaste (untere: Schneider, Musik)
- damaai — दमाई

Kaste 2. Brahmin, B + Witwe
- jaisi — जैसी

Katze
- biraalo — बिरालो

kaufen
- kinnu — किन्नु

Kautabak
- khaini — खैनी

Kehle
- ghaa:Ti — घाटी

Keimlinge (gelb) für Dassai
- jamaraa — जमरा

keiner, keine
- kunaipani (+ neg. Verb) — कुनैपनि

kennen, erkennen(Personen)
    chinnu — चिन्नु
Kennzeichen, besonderes K.
    bishestaa — विशेषता
Kern, Stein (Frucht)
    koyaa — कोया
Kerne, Körner
    daanaa — दाना
Kerze
    mainbatti — मैनबत्ती
Kette, Halskette
    sikri — सिकी
Kind (BrahmaneMann+ChetriFrau)
    khatri — खत्री
Kinder
    keTaakeTi — केटाकेटी
Kinder
    chhoraachhori — छोराछोरी
Kinder
    naaniharu — नानीहरु

Kinderheim
        baalaashram   बालाश्रम
Kirchenleute
        paadri   पाद्री
klar (Sicht)
        saphaa (chha)   सफा (छ)
klar (Wasser)
        sanglo   सङ्ग्लो
Klasse
        kaksha   कक्षा
Klatsch, Gerede
        ThaTTaa, gaph   ठट्ठा, गफ
Kleidung
        lugaa   लुगा
klein
        saano   सानो
klein (in Bezug auf Höhe)
        ho:cho   होंचो
kleine Dinge
        saanaatinaa   सानातिना

Klima
: haawaapaani हावापानी

klopfen, anklopfen
: DhakDhakaaunu ढकढकाउनु

Knie
: ghu:Daa घुंडा

knipsen, an- (Schalter)
: thichnu थिच्नु

Knoblauch
: lasun लसुन

Knochen
: haDDi / haaD हडडी / हाड

Knopf
: Taa:k टांक

knüpfen (Teppich) (galai:chaa)
: bunnu बुन्नु

Koch
: bhaanchhe भान्छे

Koch
: bhanse भान्से

kochen
  pakaaunu   पकाउनु
kochen, im Wasser kochen
  usinnu   उसिन्नु
Kochkäse
  khuwaa   खुवा
Koffer
  baakas   बाकस
Koffer auspacken
  baakasbaaTa chijbij   बाकसबाट
  nikaalnu   चीजबीजनिकाल्नु
Kohl
  bandaa   बन्द
Kokosmilch
  daaph (Terrai)   दाफ
Kokosmilch
  nariwalko paani   नरिवलको पानी
Kokosnuß
  nariwal   नरिवल
Kollekte, kleine Geldspende
  chandaa   चन्दा

kommen, her-, herein-
    aaunu   आउनु

Kommunikationstraining
    sanchaar   सन्चार

Konferenz abhalten
    chhalphal garnu   छलफल गर्नु

Konferenz, Sitzung
    chhalphal   छलफल

König
    raajaa   राजा

Königin
    raani   रानी

Königspalast
    raajdarbaar   राजदरबार

können
    saknu   सक्नु

können, wissen zu tun (nach Stamm +..na)
    jaannu   जान्नु

können, wissen wie gemacht wird
    aaunu(Verbstamm+na)आउनु

Kontinent
: mahaadesh — महादेश
Kontrolle (kontrollieren)
: niyantran (garnu) — नियन्त्रण (गर्नु)
Kooperative
: sahakaari — सहकारी
Kopf
: Taauko — टाउको
Korb aus Bambus
: Dhaaki — ढाकी
Korbgeflecht- Teller, groß
: naanglo — नाङ्लो
Koriander
: dhaniyaa — धनिया
Körper
: sharir — शरीर
Korruption
: bhrashTachaar — भ्रष्टाचार
kosten
: parchha — पर्छ

kosten (Verg), hat gekostet
    paryo — पऱ्यो
Kostenersatz, Spesen
    bhattaa — भत्ता
Krähe
    kaag — काग
krähen, Hahn kräht
    bhaale baasnu — भाले बास्नु
krank
    rogi — रोगी
krank
    biraami — बिरामी
Krankenhaus
    aspataal — अस्पताल
Krankheit
    rog — रोग
Krätze
    luto — लुतो
kratzen
    kanyaaunu — कन्याउनु

Kräuter
        jaDibuTi   जडीबुटी

Kredit
        rin   रिन

Kreuzung
        chaubaaTo   चौबाटो

Krieg
        yuddha   युद्ध

kritische Situation
        phasaad   फसाद

Küche
        bhaansaa koThaa   भान्साकोञ

Kugel
        golo   गोलो

Kuh
        gaai   गाई

kühl (Wetter)
        sittal   सित्तल

Kuhweide
        gaushaalaa   गैशाला

Küken
    challaa   चल्ला

Kuli
    kalam   कलम

Kultur
    sanskriti   संस्कृति

kulturell
    saanskritik   सांस्कृतिक

Kulturzentrum
    saa:skritik kendra   सांस्कृतिक केन्द्र

Kümmel
    jiraa   जिरा

Kunde (Bank), Gast (Restaurant)
    graahak   ग्राहक

Kunst
    kalaa   कला

Kunstdünger
    raasaayanik mal   रासायनिक मल

Künstler
    kalakaar   कलाकार

künstlich
    kritim — कृतिम

Kupfer
    taa:baa — तांबा

Kürbis
    pharshi — फर्सी

Kurve, Serpentine, Umweg
    ghumaauro — घुमाउरो

kurz
    chhoTo — छोटो

kurz vorher
    bharkhar — भर्खर

kurz, kurze Zeit
    chhoTo samaya — छोटो समय

Kurzgeschichte
    laghu kathaa — लघुकथा

Laborant, Techniker
    praabidhik — प्राविधिक

lachen
    haa:snu — हाँस्नु

Laden, Verkaufsstand
    pasal   पसल

Ladenbesitzer, Händler
    pasale   पसले

Ladung
    bhaari   भारी

Lampe
    batti   बत्ती

Landeplatz
    utrane Thaa:u   उत्रने ठाउँ

Landschaft
    drishya   दृश्य

Landwirtschaft
    krishi   कृषि

lang
    laamo   लामो

lange Zeit
    dheraiber   धेरैबेर

lange, lange Zeit
    laamo samaya   लामो समय

langes Leben
:	chiraayu	चिरायु

Langeweile haben
:	dikka laagnu	दिक्क लाग्नु

langsam
:	bistaarai	बिस्तारै

langsam Dhilo /
:	bistaarai	ढिलो / बिस्तारै

Längsstreifen schneiden
:	shirnu	सिर्नु

Lärm, Geräusche (von Menschen)
:	hallaa	हल्ला

laufen, rennen
:	kudnu	कुद्नु

Laus
:	jumraa	जुम्रा

lausen
:	jumraa maarnu /hernu	जुम्रा मार्नु/हेर्नु

laut
:	hallaa	हल्ला

Laute von sich geben/Tierlaute
  karaaunu   कराउनु
läuten, es ist(Uhrzeit)
  bajnu   बाज्नु
lautes Geräusch machen
  halla garnu   हल्ला गर्नु
lebend, lebendig
  jiu:do   जिउंदो
lebendig, lebend
  jiwit   जिवित
lebenslang, ein ganzes Leben
  jiwanbhar   जीवनभर
Lebensmittel
  khaanekuraa   खानेकुरा
Leber
  kalejo   कलेजो
lecker
  miTho   मीठो
leer (Behälter)
  ritto   रित्तो

leer, frei (Sitz, Taxi etc)
    khaali — खाली

legen (auf), einstecken
    raakhnu — राख्नु

lehren
    sikaaunu — सिकाउनु

lehren (Schule, Uni)
    paDhaaunu — पढाउनु

Lehrer
    shikshak (Nepali) — शिक्षक

Lehrerin
    guruaamaa — गुरुआमा

Leiche, toter Körper
    laash — लाश

leicht (Gewicht)
    halungo — हलुङ्गो

leicht (Gewicht)
    halkaa — हल्का

leicht, einfach
    sajilo — सजिलो

leihen
: saapaT lyaaunu — सापट ल्याउनु

Leine, Wäscheleine
: Dori — डोरी

Leiter, Vorsteher
: pramukh — प्रमुख

Lektion
: paaTh — पाठ

Lektion
: aaTh — आठ

Leopard
: chituwaa — चितुवा

Lepra
: kusTarog — कुष्टरोग

lernen
: siknu — सिक्नु

lesen
: paDnu — पढ्नु

letzte Woche
: aghillo hapta — अघिल्लो हप्ता

letzter (Reihenfolge)
    antim   अन्तिम

letzter Tag der 7-Tage-Puja
    saange   सगैं

letzter, voriger (Ort)
    aghillo   अघिल्लो

Libelle
    gaaine kiraa   गाइने किरा

Lichterfest,
    Tihaar dipaawaali   दिपावली

lieber (Anrede im Brief)
    priya   प्रिय

Lied
    git   गीत

liegen, schlafen
    sutnu   सुत्नु

liegenlassen, zurücklassen
    chhoDnu/chhaaDnu   छोड्नु/छाड्नु

lila
    pyaagi   प्याजी

links	baayaa:	बायां
Linsen	daal	दाल
Lippe	oTh	ओंठ
Loch	dulo	दुलो
Loch, großes Loch	khaaDal	खाडल
Loch, klein	pwäl	प्वांल
Löffel	chamchaa	चम्चा
lösen (Fahrkarte, Eintritts-)	kaaTnu	काट्नु
lösen (Problem)	samaadhaan hunu	समाधान
Lotterie	chiTThaa	चिट्ठा

Lotus
      kamal   कमल

Luft
      haawaa   हावा

Luftballon
      phukunDaa   फुकुण्डा

Lüge
      jhuTo   झुटो

lügen
      Dhaa:Tnu   ढांट्नु

machen, vorbereiten(Essen)
      banaaunu   बनाउनु

Macht
      shakti   शक्ति

mächtig, sehr mächtig
      shashakta   सशक्त

Mädchen
      keTi   केटी

Mädchen
      naani   नानी

Mais
> makai मकै

mal (einmal, zweimal, dreimal),
> paTak (ek-, dui- tin-) पटक

malen
> rang lagaaunu रङ्ग लगाउनु

manche (ohne neg. Verb)
> kunaipani कुनैपनि

manche Jahre
> kehi barsha केही बर्ष

mancherorts
> kahi:kahi: कहीं कहीं

mancherorts
> kunai Thaumaa कुनै ठाँउमा

manches Jahr
> kunai barsha कुनै बर्ष

manchmal
> kahile kaahi:/ kahi: कहिले काहीं

manchmal
> kunai belaa कुनै बेला

manchmal
: kunaikunai belaa — कुनैकुनै बेला

Mandarine
: suntalaa — सुन्तला

Mango
: aa:p — आंप

Mango-Sorte
: bambai aap — बम्बई आंप

Mango-Sorte
: maalda aap — माल्दा आंप

Mango-Sorte
: laangDaa aap — लाङ्डा आंप

Mann
: purush — पुरुष

Mann (Ehefrau sagt das), Alter
: buDhaa — बुढा

Mann, Erwachsener
: logne maanchhe — लोग्ने मान्छे

Market
: bajaar — बजार

Marmelade
: jaam — जाम

Märtyrer
: shahid — शहिद

Masern
: daaduraa — दादुरा

Mathematik
: hisaab — हिसाब

Mauer
: parkhaal — पर्खाल

Maultier
: khachchar — खच्चर

Maulwurf (Reittier Ganesh's)
: chhuchundraa — छुचुन्द्रा

Maximum versuchen
: sakesamma — सकेसम्म

Medizin in der Flasche
: sisiko aushadhi — शिशीकोऔषधि

Medizin, Insektenvernichtungsm
: aushadhi — औषधि

Meer, Ozean
> samundra समुन्द्र

Mehl
> piTho पिठ

mehr ...als (Komparativ)
> bhandaa भन्दा

meiner Meinung
> mero bichaarmaa मेरोबिचारमा

Meinung
> bichaar बिचार

Menschen
> maanchhe मान्छे

Menschen
> maanis मानिस

messen
> naapnu नाप्नु

Messer, groß
> chakknu चाक्नु

Messer, Militär- Messer, Opfer-M
> khaDga खड्ग

Messer, sehr groß,f. Tieropfer
    chuppi   चुप्पी
Messerchen, kleines Messer
    chhuri   छुरी
Messing
    pittal   पीत्तल
Messung
    naap-taul   नाप तौल
Messung (in Meter, Liter)
    naap   नाप
Messung (von Gewicht)
    taul   तौल
Miete (Wohnung, Auto, Telefon)
    bhaaDaa   भांडा
mieten
    bhaaDaamaa linu   भांडामा लिनु
Milch
    dudh   दुध
militärisch
    sainik   सैनिक

Minute
	mineT	मिनेट
mit
	sanga	सङ्ग
mit was
	kc lc	केले
miteinander
	ek aapasmaa	एक आपसमा
Mitglied
	sadasya	सदस्य
Mitgliedskarte
	sadashyataa patra	सदस्यता पत्र
mitnehmen
	lagnu	लग्नु
mittel
	Thikai	ठिकै
Mittelstufe(Schule)
	maadhyaamik	माध्यमिक
mitten in der Nacht
	madhya raat	मध्य रात

Mittlerer Osten
　　　madhya-parba　　　मध्य पर्व
Mittwoch
　　　budhabaar　　　बुधबँर
mißbrauchen
　　　gaali garnu　　　गाली गर्नु
möglich
　　　sambhab　　　सम्भव
Möglichkeit,
　　　subidhaa　　　सुविधा
Möhre
　　　gaajar　　　गाजँर
Monat
　　　mahinaa　　　महीना
Monat d Nepalkalenders 1.
　　　baishaakh　　　बैशाख
Monat, nepalisch 10.
　　　maagh　　　माघ
Monat, nepalisch 11.
　　　phaagun　　　फागुन

Mönch
    laamaa   लामा

Mönch
    bhikshu   भिक्षु

Mond
    jun (Dorfsprache)   जुन

Mond
    chandramaa   चन्द्रमा

Mondfinsternis
    chandra grahan   चन्द्र ग्रहण

Monsun
    barshaad   बर्षाद

Montag
    sombar   सोमबार

Mord, Tötung
    hatyaa   हत्या

morgen
    bholi   भोलि

Morgen, morgens
    bihaan   बिहान

Moskitonetz
    jhul   झुल

Mücke
    laamkhuTTe   लामखुट्टे

müde sein, schläfrig sein
    nindraa laagnu   निन्द्रा लाग्नु

Müll
    phohor mailaa   फोहर मैला

Mund spülen
    kullaa garnu   कुल्ला गर्नु

Mund, "Gesicht" waschen
    mukh   मुख

Musik
    sangit   सङ्गीत

Musik spielen
    sangit bajaaunu   सङ्गीत बजाउनु

Muster, Design
    buTTaa   बुट्टा

mutig
    bahaadur   बहादुर

mutig
    sabaasi — श्याबासी

Mutter
    aamaa — आमा

Mutter
    maataa (Sanskrit) — माता

Mutterschaft
    sutkeri (Nepali) — सुत्केरी

Mutterschaft
    prashuti (Sanskrit) — प्रसुती

Muttertag
    maataatirtha au:si — मातातिर्थ औंसी

Muttertag
    aamaakomukh — आमाकोमुख
    hernedin — हेर्नेंदिन

Muttertier
    maau — माउ

Mütze, Hut
    Topi — टोपी

nach (zeitlich)
    pachhi — पछि

nach einigen Tagen
> kehidin pachhi   केही दिन पछि

Nachbar
> chhimeki   छिमेकी

Nachbarschaft
> chhimek   छिमेक

nachher (am selben Tag)
> bhare   भरे

Nachmittag
> madhyaanna   मध्यान्न

Nachricht
> khabar   खबर

Nachricht, Neuigkeit
> haalkhabar   हालखबर

Nachrichten
> samaachaar   समाचार

nächste Woche
> arko haptaa   अर्को हप्ता

nächster Tag, am nächsten Tag
> bholi palTa   भोली पल्ट

Nacht
      raat   रात

Nacht kam
      raat paryo   रात पऱ्यो

Nachteil
      bephaaidaa   बेफाइदा

Nachtigall
      jureli   जुरेली

nachts
      raati   राती

nähen
      silaaunu   सिलाउनु

Nähnadel
      siyo   सियो

nahrhaft
      poshilo   पोषिल

Nase
      naak   नाक

Nasenring
      bulaaki   बुलाकी

Nasenstecker, seitlich
        phuli   फूली
national
        rashTriya   राष्टिय
Naturdünger
        gobar mal   गोबर मल
Naturwissenschaften
        bigyaan   विज्ञान
naß machen, ins Wasser tun
        bhijnu   भिज्नु
Nebel
        kuhiro (laagnu)   कुहिर (लाग्नु)
Neffe(Sohn d ält Bru d Eheman)
        bhaanjaa   भान्जा
nehmen
        linu   लिनु
Nepali, in Nepali
        nepaali bhaashaamaa नेपाली भाषामा
Nepalisches Essen mit Mehlpamp
        Dhi:Do   ढिंडो

nett
    bhadra   भद्र

neu
    nayaa: नयां

Neujahr
    nawa barsha   नव वर्ष

Neumond
    au:si   औंसी

neun 9
    nau   नौ

neunundachtzig 89
    unaanabbe/   उनानब्बे/
    unaannabbe   उनान्नब्बे

neununddreißig 39
    unchaalis/   उन्चालीस /
    unanchaalis   उनन्चालीस

neunundfünfzig 59
    unsaTThi /unsaaThi   उनसाटठी/उनसाठी

neunundneunzig 99
    unaansaya   उनान्सय

neunundsechzig 69
    unansattari   उनन्सत्तरी
neunundsiebzig 79
    unaasi/unaanasi   उनासी/उनान्असी
neunundvierzig 49
    unchaas /unanchaas   उन्चास/उनन्चास
neunundzwanzig 29
    untis/unantis   उन्तीस/उनन्तीस
neunzehn 19
    unnaais   उन्नाइस
neunzig 90
    nabbe   नब्बे
nicht brauchen, nicht nötig h.
    chaahi:daina   चाहिंदैन
nicht dürfen, nicht tun dürfen
    garna nahune   गर्न नहुने
nicht frisch (Lebensmittel)
    baasi   बासी
nicht frisch, verschmutzt(Luft)
    dushit   दूषित

nicht gefallen, nicht mögen
    man pardaina(malaai) मन पर्दैन
        (मलाई)

nicht gewöhnt
    baani chhaina   बानी छैन्

nicht in Ordnung
    bigreko   बिग्रेको

nicht kosten
    pardaina   पर्दैन्

nicht nötig, es ist nicht nötig
    jaruri chhaina   जरुरी छैन

nicht vorhanden sein, gibt nicht
    paai:daina   पाईदैन्

nichts
    kehipani(+ neg. Verb)केहीपनि

Niedrigkastige
    saano jaatko   सानो जातको
    manchhe   मान्छे

niemals
    kahile pani(neg.Verb)कहिले पनि

niemand
    kohipani - chhaina कोहीपनि छैन

nirgendwohin
> kahi:pani   कहीं पनि

noch ein
> arko   अर्को

noch mehr, noch mal, wieder
> ajhai   अझै

Norden
> uttar   उत्तर

nördliche Hemisphäre
> uttari golaardha   उत्तरी गोलार्ध

normal
> saam aanya   सामान्य

Notwendigkeit
> aawashyaktaa   आवश्यकता

Nudeln
> chaauchaau   चाउचाउ

Null 0
> sunya   शुन्य

nur
> maatra   मात्र

nur wenn ....
        bhane maatra   भए मात्र

nützlich sein
        kaam laagnu   काम लाग्नु

o.k.
        hawas, has   हवस, हस्

Oberarm
        paakhuraa   पाखुरा

obere (Adj)
        maathillo   माथिल्लो

obere Etage
        maathillo tallaa /   माथिल्लो तल्ला/
        talaa   तल्ला

oberhalb, oben
        maathi   माथि

Oberschenkel
        tighraa   तिघ्रा

Oberstufe (Schule) 10.-12.Kl.
        uchcha maadhyaamik   उच्च माध्यमिक

objektiv
        bastugat   बस्तुगत

Obst
    phalphul   फलफूल

obwohl (nach Stamm + e / etaa)
    pani   पानि

obwohl vorhanden
    paaietaa pani   पाएता पानि

Ochsenkarren
    gaaDaa   गाडा

oder
    ki   कि

öff.Dienst 1.Kl. non-gajatted
    subbaa   सुब्बा

öff.Dienst 2.Kl. non-gajatted
    khardaar   खरदार

öff.Dienst 3.Kl. non-gajatted
    mukhiyaa   मुखिया

offen, geöffnet
    khullaa   खुल्ला

öffentlich
    jantaa   जनता

öffnen, aufmachen, ausziehen
 kholnu खोल्नु
oft
 dherai jaso धेरै जसो
Ohr
 kaan कान
Ohrhänger, Ohrring
 maarwaaDi मारवाडी
Ohrstecker, Ohrring
 Tap टप
okay, in Ordnung
 Thik ठीक
Okra
 bhinDi भिण्डी
Onkel, ält + jü Brü d Mutter
 maamaa मामा
Onkel, ält. Bru des Vaters
 Thulobaa ठूलोबा
Onkel, Jü Bruder des Vaters
 kaakaa काका

Onkel, Mann d ält Schw d Mu
    Thulobaa   ठूलोबा
Onkel, Mann d jü Schw d Mu
    saanobaa   सानोबा
Opferfeuer, heiliges Feuer
    yagya   यज्ञ
Opferfrucht
    prashaad   प्रसाद
Opfergabe (Sesam + Gerste)
    til-jau   तिल जौ
Opferlicht f. Hausgott
    saa:jhko batti   सांझकोबत्ति
opfern, als Opfer darbieten
    chaDaaunu   चडाउनु
opfern, Tieropfer darbringen
    bhog dinu   भोग दिनु
Orchidee
    sunakhari   सुनखरी
Organisation
    sansthaa   संस्था

organisiert werden
> byawasthaa hunu व्यवस्था हुनु

organisiseren
> byawasthaa garnu व्यवस्था गर्नु

Ort, heiliger Ort
> tirtha तिर्थ

Ort, Stelle
> Thaau: ठाउं

Osten
> purba पूर्व

oval, länglich
> laamcho लाम्चो

Ozean
> mahaasaagar महासागर

Paar (Socken)
> jor जोर

Päckchen, eingepacktes Geschenk
> pokaa पोका

Papaya
> mewaa मेवा

Papier
  kaagaj — कागज

Paprika
  bhe:De khursaani — भेंडे खुर्सानी

Paprika, Pepperoni
  khursaani — खुर्सानी

Park
  udhyaan — उद्यान

Parlament
  sansad — संसद

Partei
  dal/ party — दल / पार्टी

passend
  upayukta — उपयुक्त

pensioniert, in Rente
  awakaas praapta — अवकाश प्राप्त

Perlenkette, Blumengirlande
  maalaa — माला

Pfad, schmaler Weg
  goreTo — गोरेटो

Pfeffer, schwarz	marich	मरिच
Pfeil	baan (Sanskrit)	बाण
Pfeil	kaa:D	काड
Pfeil	tir	तीर
Pferd	ghoDaa	घोडा
Pferdestall	tabelaa	तबेला
Pfirsich	aaru	आरु
pflanzen	ropnu	रोप्नु
Pflaume	aarubakhaDaa	आरुबखडा
pflücken	Tipnu	टिप्नु

Pflug
    halo   हलो
Pfütze
    daha (paaniko daha)   दह(पानीकोदह)
Pipalbaum (weiblich)
    pipal   पिपल
Planet
    graha   ग्रह
Plätzchen
    biskuT   बिस्कुट
Politik
    raajniti   राजनीति
Polizist
    prahari   प्रहरी
Pop-Lied
    aadhunik git   आधुनिक
Portemonnaie
    paisaako thaili   पैसाकोथैली
Postamt
    Daakghar   डाक घर

Postamt
        hulaak   हुलाक

Praktikum
        bewaahaarik gyaan   व्यवहारिक ज्ञान

Preis
        mol   मोल

Preis, Auszeichnung
        purashkaar   पुरस्कार

Preis, Kosten
        daam   दाम

Preis, Kosten
        mulya / mol   मुल्य / मोल

Premierminister
        pradhaanmantri   प्रधानमन्त्री

Priester
        purohit   पुरोहित

Priester (Brahmin) im Kloster
        bhaTTa   भट्ट

Primarbereich (Schule)
        praathamik   प्राथमिक

Prinz		
	yuwaraaj	युवराज
Prinzessin		
	yuwaraagyi	युवराज्ञी
Priorität		
	prathaamiktaa	प्राथमिकता
privat		
	byaktigat	व्यक्तिगत
Problem		
	samashyaa	समस्या
Profit		
	naaphaa	नाफा
Projekt		
	yojanaa	योजना
Prophet		
	bhawishyabettaa	भविष्यबेत्ता
Prozent		
	pratishat	प्रतिशत
Prüfung		
	jaa:ch	जांच

Prüfung ablegen, P. machen
    jaa:ch dinu   जांच दिनु
Prüfung veranstalten
    jaa:ch hunu   जांच हुनु
Prüfung, Examen
    parikshaa   परिक्षा
psychisch krank
    maanshik rog   मानसीक रोग
Psychologe
    manobaigyaanik   मनोबैज्ञानिक
Psychologen-Institut
    manobaigyaanik   मनोबैज्ञानिक
    sansthaan   संस्थान
Psychologie
    manobigyan   मनोविज्ञान
Psychologisches Institut (Uni)
    manobigyaan saakhaa मनोविज्ञानशाखा
Puffreis
    murai   मुराई
Pulver, gelb
    keshari   केशरी

Pulver, rot
    abir   अबिर
Puppe
    putali   पुतली
putzen (Zähne)
    maajhnu   माझ्नु
Qualifikation
    yogyataa   योग्यता
Qualität, gute Qualität
    asal   असल
Rad
    paangraa   पाङ्ग्रा
Radieschen
    salgam   सलगम
Rand, Kante, dicht daneben
    chheu   छेउ
Rasen
    chaur   चाउर
rasieren, sich rasieren
    daari kaaTnu   दारी काट्नु

Rate
      kistaa   किस्ता

Ratte, Maus
      musaa   मुसा

Rauch
      dhuwaa: धुवां

rauchen (Zigaretten)
      piunu   पिउनु

Räucherstäbchen
      dhup   धुप

rauh (Oberfläche)
      khasro   खस्रो

rechnen mit
      saamanaa garnu   सामना गर्नु

Rechnung
      kharcha   खर्च

Rechnungsprüfer
      lekhaa parikshak   लेखा परिक्षण

rechts
      daayaa: दायां

Rechtsanwalt	wakil	वकिल
Reet fürs Dach	khar	खर
regelmäßig	niyamit	नियमित
Regeln, Vorschriften	niyam-kaanun	नियम कानून
Regen	barshaa	बर्षा
Regenbogen	indradhanush	इन्द्रधनुष
Regenmantel	barshaati	बर्षाती
Regenschutz aus Bambus	ghum	घुम
Regierung	sarkaar	सरकार
Region	bhaag	भाग

Register
        dartaa   दर्ता
registriert (Partei)
        sattaaruDh   सत्तारुढ
regnen, es hat geregnet
        paani paryo   पानी पऱ्यो
reich
        dhani   धनी
Reichtum
        dhan   धान
reif
        paakeko   पाकेको
reifen (Früchte)
        paaknu   पाक्नु
Reihe (in zwei Reihen)
        kinaar(duikinaarmaa) किनार
rein
        shudda   शुद्ध
reingehen in
        pasnu (..bitra)   पस्नु (भित्र)

reinigen (alles: sich, Wäsche..)
    saphaa garnu   सफा गर्नु
Reis, gekocht
    bhaat   भात
Reis, geröstet + geklopft
    chiuraa   चिउरा
Reis, ungekocht
    chaamal   चामल
Reise
    yaatraa   यात्रा
reisen
    yaatraa garnu   यात्रा गर्नु
Reisender (im eignen Land)
    yaatri   यात्री
Reiskorn mit Hülse
    dhaan   धान
Reispudding
    khir   खिर
Reißverschluß
    chen   चेन

Rektor
: pradhaan-aadhyaapak — प्रधानाध्यापक

Rektorin
: pradhaan-aadhyaapikaa — प्रधानाध्यापिका

Religion
: dharma — धर्म

Relkame, Werbung
: bigyaapan — विज्ञान

rennen, laufen
: dauDanu — दौडनु

reparieren
: marmat garnu — मर्मत गर्नु

Respekt
: shraddhaa — श्रद्धा

respektvoll
: shraddheya — श्रद्धेय

Rest
: ansha — अंश

Rettich
        mulaa   मूला

Rhododendron
        laliguraa:s   लालीगुरांश

Richtung
        nirdeshan   निर्देशन

Riegel
        chukkul   चुक्कुल

Rind
        goru   गोरु

Ring
        au:Thi   औंठी

Ringe am ganzen Ohrrand
        laskari   लस्करी

Rock
        jaamaa   जम्मा

Roman
        upanyaas   उपन्यास

rosa, pink
        gulaabi   गुलाबी

German	Transliteration	Devanagari
Rose	gulaab	गुलाब
Rose	gulaaph	गुलाफ
Rosinen	kisim	किसिम
rot	raato	रातो
Rotwild	mriga (Sanskrit)	मृग
Rotwild	harin	हरीन
Rotz	si:gaan	सिङ्गान
rotzen	si:gaan puchhnu	सिङ्गान पुछ्नु
Rücken	DhaaD	ढाड
Ruder, Paddel	bahaana	बहाना

rudern (Boot)
        khiyaaunu (Dungaa) खियाउनु
ruhig
        shaanta शान्त
ruhig bleiben
        chup laagnu चुप लाग्नु
Ruhr haben
        aa:u parnu आउं पर्नु
rund
        golo गोलो
runterfallen, hinfallen
        laDnu (ma) लड्नु
rupfen
        bhutlyaaunu भुत्ल्याउनु
Rutschbahn
        chipleTi khelne चिप्लेटी खेल्नु
rutschig
        chiplo चिप्लो
Sack
        boraa बोरा

säen, streuen
: chharnu — छर्नु

Saft
: ras — रस

Saft (aus Bäumen, Pflanzen)
: chop — चोप

sagen
: bhannu — भन्नु

sagen können
: bhanna saknu — भन्न सक्नु

Salz
: nun — नून

salzig, gesalzen
: nunilo — नूनिल

Samenkorn
: biu — बीऊ

Samstag
: sanibaar — शनिबार

Sand
: baaluwaa — बालुवा

Sänger
: gaayak गायक

Satz
: waakya वाक्य

sauber
: saphaa सफा

sauer
: amilo अमिलो

Schachtel
: baTTaa बट्टा

schade sein, traurig sein
: dukkha laagnu दुख लाग्नु

Schaf
: bheDaa भेडा

Schal, großes Tuch
: khaasTo खास्टो

schälen
: taachhnu ताछ्नु

Schalter
: baTan (thichnu) बटन (थिच्नु)

scharf
    piro   पिरो

schärfen, schleifen, wetzen
    udhyaaunu   उध्याउनु

Schatten
    chhaa:yaa   छायां

Schaukel
    ping   पीङ

schaukeln
    ping hallinu   पीङ हाल्नु

schaukeln, zum - bringen
    hallaaunu   हल्लाउनु

Scheidungs-Register
    sambandha bichchhed सम्बन्ध विच्छेद
    dartaa   दर्ता

Scheidungs-Register(Abkürzg)
    chhuTaanaam dartaa छुटानाम दर्ता

Schere
    kai:chi   कैंची

Schicht
    patraa   पत्र

schicken, senden
    paThaaunu   पठाउनु
schieben, drücken
    Thelnu   ठेल्नु
Schiff
    paani jahaaj   पानी जहाज
schimpfen, aus-, anbrüllen
    gaali garnu   गाली गर्नु
Schirm
    chhaataa   छाता
Schlafzimmer
    sutne koThaa   सुत्ने कोठा
schlagen, jmdn
    piTnu   पिट्नु
schlagen, zerstoßen
    kuTnu   कुट्नु
Schlamm
    hilo   हिलो
Schlange
    sarpa   सर्प

Schlange
    saa:p — सांप

Schlange stehen
    laainmaa basnu — लाइनमा बस्नु

schlecht
    naraamro — नराम्रो

schließen, zumachen
    banda garnu — बन्द गर्नु

schließlich, endlich
    antamaa — अन्तमा

Schlips
    Taai — टाई

Schloß
    taalaa — ताला

Schloß abschließen
    saacho lagaaunu — साचो लगाउनु

Schlucht
    galchhi — गल्छी

schlüpfen (Vögel)
    bachchaa kaaDnu — बच्चा काढ्नु

Schlüssel
    saa:cho   सांचो
schmelzen (Metall, Teer...)
    pagaalnu   पगाल्नु
schmelzen (Schnee)
    paglanu   पग्लनु
schmerzen, weh tun
    dukhnu   दुख्नु
Schmetterling, Falter
    putali   पुतली
Schmiergeld
    ghus   घुस
Schmuck
    gahanaa   गहना
Schmutz, Staub
    mailaa   मैला
schmutzig
    phohor   फँहर
Schnapsladen
    bhaTTi   भट्टी

Schnapsladen (Großhandel)
    gaDDi (Terrai)   गड्डी

schnaufen
    swaa: swaa: aaunu   स्वां स्वां आउनु

Schnee
    hiu: हिउँ

Schnee fällt, es schneit
    hi:u parchha   हिउं पर्छ

Schneeberg
    himaal   हिमाल

schneiden, scheren, hacken
    kaaTnu   काट्नु

Schneider (Kaste)
    darji /taylor   दर्जी/टेलर

schnell
    chhiTo   छिटँ

Schnellstraße
    raajmaarga, Highway   राजमार्ग

schneuzen
    puchhnu   पुछ्नु

Schnur, Bindfaden
    Dori   डोरी
schön, gut
    raamro   राम्रो
schreiben
    lekhnu   लेख्न
Schrift
    lipi   लिपी
Schriftgelehrter
    panDit   पण्डित
schrittweise entwickeln,sich
    bistaarai pragati   बिस्तारै प्रगति
    hunu   हुनु
schüchtern sein
    laaj laagnu   लाज लाग्नु
Schuh zumachen (Schleife binden)
    tunaa baa:dhnu   तुना बांध्नु
Schuhe
    juttaa   जुता
schuldig
    doshi   दोँषी

Schule
    bidyaalaya — विद्यालय
Schule beginnt
    iskol laagchha — स्कूल लाग्छ
Schulter
    kaa:dh — कांध
Schüsselchen, beim Daal Bath
    kaTauraa — कटौंरा
Schutzschild
    Dhaal — ढाल
schwach (alkohol. Getränk)
    naram — नरम
Schwägerin
    bhaauju — भाउजु
Schwalbe
    gau:thali — गौंथली
Schwangere
    garbhawati — गर्भवती
schwänzen, fernbleiben
    gayal hunu — गयल हुनु

schwarz
: kalo कालो

schwarze Linsen
: maas मास

schwätzen, quatschen
: gaph garnu गफ गर्नु

Schwein
: bangur बंगुर

Schwein, schwarz
: sungur सुंगुर

Schweiß
: pasinaa पसिना

schwer (Gewicht)
: grahan ग्रहण

schwerkrank
: shikista biraami सिकिस्त बिरामी

Schwert
: tarwaar तरवार

Schwester, älter
: didi दिदी

Schwester, jünger
        bahini   बहिनी

schwierig
        gaarho   गाह्रो

schwimmen
        pauDi khelnu   पौडी खेल्नु

schwindelig sein
        ringaTaa laagnu   रिंगाटा लाग्नु

schwitzen
        pasinaa aaunu   पसिना आउनु

sechs 6
        chha   छ

sechzig 60
        saaThi   साठी

sechsundachtzig 86
        chhayaasi   छयासी

sechsunddreißig 36
        chhattis / chhatis   छत्तिस

sechsundfünfzig 56
        chhapanna   छपन्न

sechsundneunzig 96		
	chhayaanabbe	छयानब्बे
sechsundsechzig 66		
	chhaisaThi/ chhaisaTThi	छैसट्ठी
sechsundsiebzig 76		
	chhayaatar /chhaihattar	छैहत्तर
sechsundvierzig 46		
	chhayaalis	छयालीस
sechsundzwanzig 26		
	chhabbis	छब्बीस
sechzehn 16		
	sorha	सोढ़
See		
	taal	ताल
See		
	saagar	सागर
Seele		
	aatmaa	आत्मा

Segen (segnen) durch Götter
> bardaan (dinu) बर्दान (दिनु)

Segen (segnen) durch Menschen
> aashirbaad (dinu) आशिर्वाद (दिनु)

sehen
> dekhnu देख्नु

sehr
> dherai धेरै

Seife
> saabun साबुन

Seife z Körperwaschen
> nuhaaune saabun नुहाउने साबुन

Seife z Waschen von Kleidung
> lugaa dhune saabun लुगा धुने साबुन

Seite (Buch)
> pannaa पन्ना

Seite (Buch, Zeitung)
> paanaa पाना

selbst
> aaphai आफै

Selbstbeteiligung(Arbeit,Geld)
      janashram   जनश्रम

Shiwa
      shiba   शिव

Shorts, kurze Hosen
      kaTTu   कट्टु

sicher
      surakshit   सुरक्षित

Sicherheit (safety)
      surakshit   सुरक्षित

Sicherheit (security)
      surakshaa   सुरक्षा

sicherlich
      awashya   अवश्य

sieben 7
      saat   सात

Sieben-Tage-Puja
      shaptaahaa   सप्ताहा

siebenundachtzig 87
      sataasi   सतासी

siebenunddreißig 37
      sai:tis   सैंतीस
siebenundfünfzig 57
      santaaunna   सन्ताउन्न
siebenundneunzig 97
      santaanabbe   सन्तानब्बे
siebenundsechzig 67
      satsaThi/satsaTThi   सत्सट्ठी
siebenundsiebzig 77
      sathatar/satahattar   अठहत्तर
siebenundvierzig 47
      satchaalis/ sai:taalis   सट्चालीस
siebenundzwanzig 27
      sataais   सतासी
siebzehn 17
      satra   सत्र
siebzig 70
      sattari   सत्तरी
Sieger, Erster, zuerst
      pailaa   पैला

silbern
: chaa:di rang — चांदी रंग

silberner Armreif
: chaa:diko churaa — चांदीको चुरा

singen
: gaaunu — गाउनु

singen (Vogel)
: karaaunu (charaa) — कराउनु (चरा)

Sinn (5 Sinne)
: thaahaa — थाहा

Situation
: abasthaa — अवस्था

sitzen
: basnu — बस्नु

Sitzplatz unterm Pipalbaum
: chaudaari — चौधरी

Sketch, kurzes Theaterstück
: laghu naatak — लघु नाटक

Slogan, Spruch
: naaraa — नारा

so viel nur
> tyati maatra   त्यति मात्र

Socken
> mojaa   मोजा

Sodbrennen haben
> peT polnu   पेट पोल्नु

soeben, gerade, im Moment
> bharkhar   भर्खर

sofort danach, anschließend (nach Stamm + ...ne)
> bittikai   बित्तिकै

sofort, sogleich
> turunta/turuntai   तुरुन्त / तुरुन्तै

Sohn
> chhoraa   छोरा

Sohn d ält Bru e weibl. Person
> bhadaa   भन्दा

Sohn, ältester
> jeThaa   जेठा

Sohn, jüngster
> kaanchhaa   कान्छा

Sohn, zweitältester
> maailaa — माइला

Sojabohne
> bhaTamaas — भटमास

Soldat
> yoddhaa — यद्धा

Soldat
> sipaa:hi — सिपाहीं

Soldat
> sipaahi — सिपाही

Sommer
> yam — यम

Sommer, warme Monate
> garmi mahinaa — गर्मी महिना

Sonne
> surya — सूर्य

Sonne scheint
> ghaam laagnu — घाम लाग्नु

Sonnenaufgang
> suryodaya — सूर्योदय

Sonnenfinsternis
: surya grahan — सूर्य ग्रहण

Sonnenlicht, Sonne
: ghaam — घाम

Sonnenuntergang
: suryaasta — सूर्यास्त

Sonntag
: aaitabaar — आइतबार

Sonntag
: rabibaar — रविबार

soviel (Brief-Ende)
: iti — इति

Sparbuch
: bachat-khaataa — बचत खाता

spät
: aber — अबेर

spät, langsam
: Dhilo — ढिलो

spätabends
: beluki pakh — बेलुका पख

Speichel
    ryaal — र्‍याल

Speiseöl
    khaanetel — खानेतेल

Speisesaal
    khaanaa khaane — खाना खाने
    koThaa — कोठा

Spende
    chandaa — चन्दा

Spende (Honorar) f d Priester
    dakshinaa — दक्षिणा

speziell
    bishesh — विशेष

Spiegel
    ainaa — ऐना

Spiegel, in den Sp. schauen
    ai:naa hernu — ऐना हेर्नु

Spiegelei
    bhuTeko pul — भट्ुक फूल

Spiel mit 5 Steinen
    gaTTaa — घट्टा

spielen (Fußball etc.)
    khelnu   खेल्नु

spielen (Instrument, Musik)
    bajaaunu   बजाउनु

Spielkarten
    taas   तास

spinnen
    dhaago kaatnu   धागो कुट्नु

Spinnrad
    charkhaa   चर्खा

Spitze
    tuppo/Tuppaa   टुप्पो/ टुप्पा

spitzen, anspitzen
    tikhaarnu   तिखार्नु

Sport
    khelkud   खेलकुद

Sportplatz
    khelmaidaan   खेल मैदान

Sprache
    bhaashaa   **भाषा**

sprechen
: bolnu — बोल्नु

Sprichwort
: ukhaan — उखान

sprießen, herauswachsen
: umranu — उम्रनु

Sprößling (zB Bambus)
: tusaa — टुसा

Spucke
: raal — राल

Staat
: raajya — राज्य

staatlich
: sarkaari — सरकारी

Staatsangehörigkeit
: naagariktaa — नागरिकता

Stab, Stock
: lauro — लौरो

Stacheln
: kaa:Daa — कांडा

Stadion
: rangashaalaa रंगशाला

Stadt
: shahar शहर

Stall (Kuh, Büffel)
: goTh गोठ

Stall (Schafe, Ziegen, Geflügel)
: khor खोर

stark
: baliyo बलियो

stark, (alkoh. Getränk)
: kaDaa कडा

starten, losgehen
: hi:Dnu हिड्नु

Statue, Standbild
: murti मूर्ति

Staub
: dhulo धुलो

stechen, mit einem Stachel -
: chilnu चिल्नु

Stecker mitten i d Ohrmuschel
　　　　Dhungri　　　　ढुंग्री
Steg
　　　　saa:ghu　　　　सांघु
Steg
　　　　phaDke　　　　फड्के
Steg
　　　　phaDke pul　　　　फडेके पुल
stehen
　　　　ubhinu　　　　उभिनु
stehlen
　　　　chornu　　　　छोर्नु
steigen, ein-, auf-, klettern
　　　　chaDnu　　　　चड्नु
steigern
　　　　lilaam baDnu　　　　लिलाम बड्नु
Stein
　　　　Dhungaa　　　　ढुंगा

Stein-Dach
    Dhungaako chhaanaa ढुंगाको छाना

Stelle, Posten
    darbandi दरबन्दी

stempeln
    chhaap lagaaunu छाप लगाउनु

Sterbe-Register
    mrityudartaa मृत्यू दर्ता

sterben
    marnu मर्नु

sterben
    nidhan hunu निदाउनु

sterben (höfl), entschlafen
    bitnu बित्नु

sterben (höfl), entschlafen
    khasnu खस्नु

Stern
    taara तार

Stern, 6-eckig
    shaTkon षट्कोण

Stiege, steile Treppe
>	bharyaang	भर्‍याङ

Stimmung (Wie ist die S.heute)
>	man (ahile man kasto chha)	मन

stinken, schlecht riechen
>	ganhaaunu	गन्हाउनु

Stock, Stab, Wanderstock
>	laThThi / laTThi	लट्ठी

Stockwerk
>	tallaa	तल्ला

Stoff
>	kapaDaa	कपडा

stolpern
>	Thes laagnu	ठेस लाग्नु

stottern
>	bhak-bhakaaunu	भक भकाउनु

stotternd
>	bhak-bhake	भकभके

stoßen, sich stoßen
>	Thokinu	ठोक्कीनु

Straße
>   baaTo — बाटो

Straße (breit), Autobahn
>   saDak — सडक

Straßenverkehrsamt
>   saDak bibhaag — सडक विभाग

Streichhölzer
>   salaai — सलाइ

Streik
>   haDtaal — हड्ताल

streiten
>   jhagaDaa garnu — झगडा

strengstens
>   sakta — सक्त

stricken
>   bunnu — बुन्नु

Stroh-Dach
>   kharko chhaanaa — खरको छाना

Stück, Teil
>   Tukraa — टुका

stückweise	gantimaa	गन्तीमा
Student	bidyaarthi	विद्यार्थी
studieren	adhyayan garnu	अध्ययन गर्नु
studieren, lernen	paDhnu	पढ्नु
Stuhl	mech	मेच
Stuhl (med.)	dishaa	दिशा
stumm	laaTaa	लाटा
Stunde	ghanTaa	घण्टा
Sturm	huri	हुरी
stützen, auf einen Stock -	Teknu(laThThi -)	टेक्नु (लट्ठी)

subjektiv
        bishayagat   विषयगत

suchen, gucken nach, finden
        khojnu   खोज्नु

Süden
        dakshin   दक्षिण

südliche Hemisphäre
        dakshini golaardha   दक्षिणी गोलार्द्ध

Suicid, Selbstmord (begehen)
        aatmaahatyaa(garnu) आत्महत्या गर्नु

süß
        guliyo   गुलीय

System
        pranaali   प्रणाली

Tag
        din   दिन

Tag, tagsüber
        diuso   दिउँसो

Tagesablauf (erzählen)
        dincharyaa(bhannu)   दिनचर्या

Tageslicht, hell
        ujyaalo   उज्यालो
täglich
        dainik   दैनिक
Tal
        upatyakaa   उपत्यका
Tante, ält Schwester d Mutter
        Thuliaamaa   ठूलीआमा
Tante, Frau d ält+jü Brü d Mu
        maaiju   माइजु
Tante, Frau des ält Bru d Va
        Thuliaamaa   ठूलीआमा
Tante, Frau von jü Bru des Va
        kaaki   काकी
Tante, jü Schw d Mutter
        saaniaamaa   सानीआमा
Tante, Schwester des Vaters
        phupu   फूपु
Tanz
        naach   नाच

tanzen
    naachnu   नाच्नु
Tasche
    jholaa   झोला
Tasche (in Hemd, Hose)
    khalti   खल्ती
Taschentuch
    rumaal   रुमाल
Taschentuch
    saano rumaal   सानोरुमाल
Tasse
    kap   कप
taub
    bahiro   बहिरो
Taube, wild
    Dhukur   ढुकुर
tausend 1000
    hajaar   हजार
Taxifahrer
    Tyaksi chaalak   ट्याक्सी चालक

Teaching Hospital, LehrKranknh
        shikshan aspataal   शिक्षण अस्पताल
Team, Mannschaft
        Tim   टीम
Technik, Idee
        jukti   जुक्ति
Tee
        chiyaa   चिया
Teeblätter
        chiyaapatti   चियापत्ति
Teeplantage
        chiyaa bagaan   चिया बगान
Teer
        alakatra   अलकत्र
Teich
        pokhari   पोखरी
Teich, heiliger Teich
        kunDa (Sanskrit)   कुण्ड
Teil (Buch), Akt (Drama)
        kaanDa   काण्ड

teilnehmen am Training
        taalimma basnu   तालिममा बस्तु
teilnehmen, dabeisein, zuhören
        bhaag linu   भाग लिनु
Teilnehmer
        bhaag line   भाग लिने
        maanchhe   मान्छे
telefonieren
        phon garnu   फोन गर्नु
Telegramm (Abkürzung)
        aakaas baaniaaba   आ.वा.
Telegramm
        aakaas baani   आकाश वानी
Teller
        thaal   थाल
Teller aus grünen Blättern
        Taparaa   टपरा
Tempel
        mandir   मन्दिर
Temperatur
        taapkram   तापक्रम

Teppich	TaaT	टाट
Teppich knüpfen	galai:chaa bunnu	गलैंचा बुन्नु
Terrasse	pi:Di	पिडडी
Terrasse	sikuwaa	सिकुवा
teuer	mahango	महंगों
tief	gahiro	गहिरें
Tiere	janaawar	जनावर
Tiger	baagh	बाट
Tigerjunges	Damaru	डमरु
Tihaar-Fest	tihaar	तिहार

Tikaa auftragen		
	Tikaa lagaaunu	टीका लगाउनु
Tinte		
	masi	मसी
Tisch		
	Tebul	टेबुल
Toast		
	paauroTi	पाउरेँटी
Tochter		
	chhori	छोरी
Tochter d ält Bru e weibl.Pers		
	bhadaini	भदैनी
Toilette		
	charpi	चर्पी
toll, sehr gut (Nepali-Slang)		
	chwaa:k	च्वांक
Tomate		
	golbhe:Daa	गोलभेंडा
Ton, Geräusche (Auto,Glocke..)		
	aawaaj	आवाज

Topas
        pushparaaj   पुष्पराज
tot
        mrit   मृत
töten
        maarnu   मार्नु
Totenopferfest, Leichenschmaus
        guThi bhoj   गुठी भोज
Tourist
        paryaaTak   पर्यटक
Tradition, Sitte
        chalan   चलन
Tragekorb mit Stirnband
        Doko   डोको
tragen
        boknu   बोक्नु
Träger
        bhariyaa   भरिया
Training
        taalim   तालिम

Training abhalten
    taalim dinu — तालिम दिनु

Träne
    aa:shu — आंशु

Trauerprozession
    malaami — मलामी

treffen
    bheTnu — भेट्नु

Treffen
    baiThak — बैठक

trennen, auseinandergehen
    chuTnu — छुट्नु

Treppe
    si:Di — सिंधी

trinken
    piunu — पिउनु

trocken
    sukeko — सुकेको

Trockenobst, Trockenfrüchte
    sukeko phalphul — सुकेकोफलफुल

trocknen
: suknu सुक्नु

Trommel, nepalische
: maadal मादल

tropfen, runter-
: chuhunu चुहुनु

trösten, besänftigen, überreden
: phakaaunu पकाउनु

trotzdem, dennoch (nach konjugiertem Verb)
: taapani तापनि

trotzig sein, ärgerlich sein
: risaaunu रिसाउनु

trübe, schmutzig (Wasser)
: dhamilo धमिलो

tun
: garnu गर्नु

Tunnel
: surung सुरुगं

Tür
: Dhokaa ढोका

Turm
- stambha — स्तम्भ

übel sein, s. übergeben
- waakwaak laagnu (malaai) — वाकवाकलाग्नु

üben, vorbereiten
- taiyaari garnu — तैयारी गर्नु

über (nach...ko)
- baaremaa — बारेमा

über (von...-...nach, örtlich)
- bhaera — भएर

überall
- jahaa:pani — जहांपनि

überfüllt
- bhiD — भिड

überhaupt nicht
- paTakkai — पटक्कै

überleben, retten
- bachaaunu — बचाउनु

übermorgen
- parsi — पर्सी

überqueren (Fluß)
    tarnu   तर्नु
überqueren (Fluß)
    paar garnu   पार गर्नु
überrascht, ungläubig Wow!
    baaphrebaaph   बाफरेबाफ
Überraschung, Verwunderung
    chhakka   छक्क
überschlagen, sich -
    palTanu   पल्टनु
Überschuß
    bachat   बचत
übersetzen
    ulthaa garnu   उल्त्या गर्नु
überwachen, inspizieren
    nirikshan garnu   निरिक्षण गर्नु
überzeugen
    samjhaaunu   सम्झाउनु
üblich, gewöhnlich, normal
    saadhaaran   साधारण

übrig
    baa:ki   बांकी

Übung
    abhyaas   अभ्यास

Ufer, Flußufer
    bagar   बगर

Uhr
    ghaDi   घडी

umkippen
    ghopTanu   घप्टनु

umrunden, s. drehen, Umweg machen
    ghumnu   घुम्नु

umsonst, für nichts
    sittai   सित्तै

umziehen
    sarnu   सर्नु

unbegrenzt
    asimit   असीमित

unbekannt
    anishchit   अनिश्चित

und
  ani अनि
und (Aktionsform)
  era (nach Verb-Stamm) एरा
Unfall, Verkehrsunfall
  durghaTanaa दुर्घटना
ungefähr
  lagbhag लगभग
ungefähr, ca
  karib करिब
ungehorsam
  aTTeri अट्टेरी
ungekocht (Essen)
  napakaaeko नपकाएको
ungewöhnlich, seltsam
  anauTho अनौठो
ungezogen
  badmaas बदमाश
Unglück
  ashubha अशुभ

Unglückstag
> ashubha din — अशुभ दिन

Universität
> bishwabidhyaalaya — विश्वविद्यालय

unmöglich
> asambhab — असम्भव

unnütz (Terai, Darjeeling)
> raDDi — रडड्ी

unreif
> kaa:cho — कांचो

unschuldig
> nirdosh — निर्दोष

unsicher, nicht entschieden
> nishchit(chhaina) — निश्चित

unter (örtlich)
> muni — मूनि

Unterarm
> naaDi — नाडी

untere (Adj)
> tallo — तल्लो

untere Etage
    tallo tallaa / तल्लो तला /
    talaa तला

untergehen (Sonne)
    astaaunu (surya) अस्ताउनु
    suryasta hunu शुर्यास्त हुनु

unterhalb, unten
    tala तल

unterhalten, sprechen
    kuraa garnu कुरा गर्नु

Unterkunft nehmen
    baas basnu बास बस्नु

Unterricht
    paDhaai बढाई गर्नु

unterrichtet werden
    sikaainu सिकाइनु

Unterschied
    pharak फरक

Unterstufe (Schule)
    nimna maadhyaamik निम्न माध्यमिक

untersuchen (ärztlich)
    jaa:chnu   जाँच्नु
untersuchen, prüfen
    jaa:ch garnu   जाँच गर्नु
untersuchen, rechtl Maßnm ergr
    karwaahi garnu   कारवाही गर्नु
Unterversorgung, Nicht-
    asubidhaa   असुविधा
unterwegs
    baaTomaa   बाटोमा
unterwegs, immer ... sein
    dauD-dhup (maile..garnu) दौड्धुप
unwissend
    agyaan   अज्ञान
Urin
    pishaab   पिसाब
urinieren
    pishaab garnu   पिसाब गर्नु
Ursache, Grund
    kaaran   कारण

Vagabund, Landstreicher
> gunDaa — गुण्डा

Vater
> baa — बा

Verabredung, Treffen, Termin
> bheTghaaT — भेटघाट

verabschieden, sich -
> bidaai garnu — विदाइ गर्नु

Veränderung, verändert
> pariwartan — परिवर्तन

verbessern, besser werden
> unnati garnu — उन्नति गर्नु

verbinden, addieren
> joDnu — जड्नु

Verbindung
> sambandha — सम्बन्ध

verboten
> manaahi — मनाही

verboten zu tun
> garna paai:daina — गर्न पाइँदैन

Verbrechen, kriminelle Handlg
    aparaadh   अपराध
verbrennen (Sachen -)
    jalnu   जल्नु
verbrennen, sich verbrennen
    polnu   पोल्नु
Verbrennungsstätte
    ghaaT   घाट
verbringen (Zeit -)
    bitaaunu(samaya)   बिताउनु (समय)
verbringen, sich aufhalten
    basnu   बस्नु
verbunden
    sambandhit   सम्बन्धित
verdecken
    chelnu   चेल्नु
Vererbung
    bangshaanugat gun   वंशानुगत गुण
Vererbung m Generationssprung
    utpariwartan   उत्परिवर्तन

vergessen
: birsanu बिर्सनु

Verhalten
: chaal -chalan चाल चलन

Verhalten
: baani-behoraa बानी ब्यहोरा

verheiratet
: biwaahit बिवाहित

verkaufen
: bechnu बेच्नु

verkaufen
: bikri garnu /bechnu बिक्री गर्नु र बेच्नु

Verkäufer
: saahuji साहुजी

Verkäufer (...-verkäufer)
: walaa (....walaa) वला

Verkäuferin
: saahuni साहुनी

Verkehrsmittel, Transportwesen
  yaataayaat — यातायात
verlassen, herausgehen
  niskanu — निस्कनु
verlassen, vergessen
  chhaaDnu /chhoDnu — छाड्नु / छड्नु
verlassen, weggehen
  hatnu — हट्नु
verletzen, sich -, verbrennen
  choT laagnu — चोट लाग्नु
verlieren
  haraaunu — हराउनु
verlieren (Sport)
  haarnu — हार्नु
Verlust
  nokshaan — नोक्सान
Verlust
  TuTTaa — टुट्टा
Verlust
  ghaaTaa — घाटा

Verlust machen
> TuTTaa parnu — टुट्टा पर्नु

vermieten
> bhaaDaamaa dinu — भाडामा दिनु

verneigen, sich (m.d. Stirn ber.)
> Dhognu — ढोग्नु

Veröffentlichung
> prakaashan — प्रकाशन

verriegeln
> chukkul lagaaunu — चुक्कुल लगाउनु

verrückt
> paagal laagnu — पागल

verrückt, besessen, verhext sein
> boksi laagnu — बोक्सी लाग्नु

Versammlung
> sangh — संघ

verschieden
> pharakpharak — फरकफरक

verschiedenes (Gemüse)
    dherai kisimko (tarkaari)   धेरै किसिमको

verschmutzt, verseucht
    pradushit   प्रदुषित

Verschmutzung, Pollution
    pradushan   प्रदुषण

verschwinden
    haraaunu   हराउनु

versetzen
    saruwaa garnu   सरुवा गर्नु

versetzt werden
    saruwaa hunu   सरुवा हुनु

Versetzung
    saruwaa   सरुवा

Versicherung
    bimaa   विमा

versöhnen
    samjhaaunu   सम्फाउनु

Versorgung, Ausstattung
    subidhaa — सुबिधा

versprechen, i Aussicht stellen
    kabul garnu — कबुल गर्नु

verstecken
    luknu — लुक्नु

verstehen
    bujhnu — बुझ्नु

versteigern
    lilaam garnu — लिलाम गर्नु

Versteigerung/Preis hochtreiben
    lilaam baDaa-baD garnu — लिलामबढाबढ गर्नु

Verstopfung
    kabjiyat (hunu) — कब्जियत (हुनु)

versuchen
    koshis garnu — कोशिस गर्नु

verteilen
    baa:Dnu — बांढ्नु

Vertragsfirma, Contractor
    Thekedaar   ठेकेदार
Verwaltungsleiter
    mukhiyaa   मुखिया
Verwandte (meine...)
    aaphno maanchhe   आफ्नोमान्छे
    (mero....)
verwenden
    prayog garnu   प्रयोग गर्नु
verwesen, verfaulen, verwelken
    saDnu   सड्नु
verwundert, überrascht sein
    chhakka parnu   छक्क पर्नु
viel, sehr
    baDi / dherai   बढी / धेरै
viele
    dheraiwaTaa   धेरैवटा
viele
    bahumukhi   बहुमुखी

viele Sachen		
	dherai kuraa	धेरै कुरा
vielleicht		
	holaa	होला
vielleicht		
	saayad	शायद
vier 4		
	chaar	चार
viertel (1/4 , 3/4)		
	chauthaai(ek, tin)	चौथाइ
viertel nach (Zeit)		
	sawaa	सवा
viertel vor (Zeit)		
	paune	पौने
vierundachtzig 84		
	chauraasi	चौरासी
vierunddreißig 34		
	chau:tis	चौंतीस
vierundfünfzig 54		
	chaunna	चौउन्न

vierundneunzig 94
        chauraanabbe   चौरानब्बे
vierundsechzig 64
        chau:saThi /   चौसटठी
        chau:saTThi
vierundsiebzig 74
        chauhatar /   चौहत्तर
        chauhattar
vierundvierzig 44
        chawaalis /   चौवालीस
        chauwaalis
vierundzwanzig 24
        chaubis   चौबीस
vierzehn 14
        chaudha   चौध
vierzig 40
        chaalis   चालीस
Vogel
        charaa   चरा
Vogelscheuche
        tarsaaune   तर्साउने

Vokabeln
    shabda — शब्द

Volkslied
    lok git — लोक गीत

voll
    bhar — भर

Vollmond
    purnimaa — पूर्णिमा

von (örtlich)
    baaTa — बाट

von ...bis (Ort)
    baaTa ...samma — बाट सम्म

von den...
    madhye — मध्ये

von der Regierung
    sarkaari — सरकारी

von jetzt ab
    abadekhi — अबदेखि

von was, mit was
    keko — केको

von wo
        kahaa:ko   कहांको

von...bis...(zeitl, räuml.)
        dekhi ....samma   देखि सम्म

vor
        aghi   अघि

vor (örtlich)
        aghaaDi   अगाडी

vor einigen Tagen
        kehidin aghi   केही दिन अघि

vorbeigehen
        chhaaDnu /chhoDnu   छाड्नु/ छोड्नु

vorgestern
        asti   अस्ति

vorhanden sein
        paainu   पाइनु

vorhanden sein, es gibt
        paainchha   पाइन्छ

Vorhang, Gardine
        pardaa   पर्दा

vorher
    pahila — पहिला
vorher, bevor
    pahilaa pani / — पहिलापनि /
    pahile pani — पहिले पनि
Vorhersage, Prophezeiung
    bhawishyabaani — भविष्यवाणी
vorhersagen
    bhawishyabaani — भविष्यवाणी
    garnu — गर्नु
voriges Jahr, früher
    pohor — पोहर
Vorkommen, Gold-Mine, Öl-Quelle
    khaani — खानी
vorneweg (Fortbewegung)
    aghi-aghi — अघि अघि
vorsichtig
    hoshiyaar — होशियार
vorsichtig
    satarka — सतर्क

Vorsitzender, Leiter		
	adhyaksha	अध्यक्ष
vorstellen (ausführlich), sich		
	parichaya dinu	परिचय दिनु
vorstellen, sich vorstellen		
	parichaya garnu	परिचय गर्नु
Vorstellung, Programm		
	kaaryakram	कार्यक्रम
Vorteil		
	phaaidaa	फाइदा
Vulkanausbruch		
	jwalaamukhi phuTnu	ज्वालामुखी फुट्नु
Waage		
	Dhak-taraaju	ढक तराजु
Waage		
	taraaju	तराजु
wachsen		
	ubjanu	उब्जनु

wachsen, auf dem Feld wachsen		
	ubjaaunu	उब्जाउनु
wachsen, größer werden		
	baDhnu	बढ्नु
wachsen, heranreifen		
	phalnu	फल्नु
Wächter		
	paale	पाले
wackeln, schwanken, flattern		
	hallinu	हल्लीनु
Waffen		
	hatiyaar	हतियार
Wagen, Zeremonienwagen		
	rath	रथ
Wahl		
	chunaau	चुनाउ / चुनाव
Wahlen		
	jhunaau / jhunaab	जनाउ / जनाव
wählen (pol)		
	manonayan garnu	मनोनयनगर्नु

wahr, ist das wahr?
        pakka ho   पक्का हो
Wahrheit
        satya   सत्य
wahrnehmen
        thaahaa paaunu   थाहा पाउनु
Waise
        Tuhuraa   टुहुरा
Wald
        ban-jangal   वन जंगल
Wald
        jangal   जंगल
Wald
        ban   वन
Walnuß
        okhar   ओखर
Walnuß
        kaaju   काजु
Wand
        gaaro   गारो

Wand (Haus, Zimmer)
    bhittaa   भित्ता

Wandkalender
    bhitte paatro   भित्ते पात्रो

wann
    kahile   कहिल

war (Verg. von chha)
    thiyo   थियो

war (Verg. von hunchha)
    bhayo   भयो

war nicht (Verg)
    thiena   थिएन

warm (Dinge)
    taato   तातो

warm (Wetter)
    nyaano   न्यानो

wärmen, sich am Feuer
    taapnu, aago   ताप्नु, आगो

warten
    parkhanu   फर्कनु

warten (am Telefon)
    hold garnu — होल्ड गर्नु

warum
    kina — किन

was
    ke — के

Was bedeutet das Wort..
    bhaneko ke ho — भनेको के हो

was ist los
    ke bhayo — के भयो

waschen (Wäsche, Gesicht, Hände)
    dhunu — धुनु

waschen, sich, Körper, Haare
    nuhaaunu — नुहाउनु

Wasserfall
    chhahara — छहरा

Wasserkrug
    ghai:To — घैंटो

Wasserkrug, groß
    gaagri — गाग्री

Wasserkrug, klein	angkhoraa	अंखोरा
Wasserkrug, klein	loTaa (Sanskrit)	लोटा
Wassermelone	tarbujaa	तर्बुजा
Wassermühle	ghaTTaa	घट्टा
Wasserpfeife	hukkaa	हुक्का
Wasserpfeife	tambaakhu	तम्बाखु
Wasserspeier, Wasserhahn	dhaaraa	धारा
wechseln (Geld)	saaTnu	साट्नु
wechseln (zB Kleidung)	phernu	फेर्नु
wechseln, ändern (Stelle)	badli garnu	बदली गर्नु

wegscheuchen
    dhapaaunu   धपाउनु
wegschnappen
    khosnu   खोस्नु
wegspülen
    bagnu   बग्नु
weich
    narm   नरम
weichgekochtes Ei
    aadhaa paakeko   आधा पाकेको
    phul   फुल
weil
    kinabhane   किनभने
weil (Stamm + ne) Präs/Fut
    bhaekole   भएकोले
weil
    kinaki   किनकि
weil (Stamm + ne) Präs/Fut
    hunaale   हुनाले

weil, auf Grund von
    kaaranle gardaa   कारणले गर्दा
weinen
    runu   रुनु
Weintrauben
    angur   अंगुर
Weissagung geben / bekommen
    jokhaanaa hernu/   जँखना हेर्नु /
    heraaunu   हेराउनु
weiter
    lagaataar   लगातार
weitergehen
    aghaaDi jaanu   अगाडी जानु
Weizen
    gahu: गहुँ
weiß
    seto   सेतो
welcher Tag
    kunbaar   कुनबार

welches
: kun कुन

welches?
: kunchaahi:? कुनचाहीं?

Wellblech
: jastaa जस्तो

Wellblech-Dach
: Tinko chhaanaa टिनको छाना

Welt
: bishwa विश्व

Welt
: sansaar संसार

wem
: kasko कस्को

wenig
: thorai थोरै

wenig
: kam / thorai काम/थोरै

wenige
: thoraiwaTaa थोरैवटा

wenige (best. Dinge, Menschen)
    kunai-kunai   कुनै कुनै
wenige (Dinge)
    kehi-kehi   केही केही
wenige (Menschen)
    kohi-kohi   कोही कोही
wenn, daraus folgt....
    tyaso bhae   त्यसो भए
wer (trans. Verben, Vergangh)
    kasle   कस्ले
wer sonst noch
    ke ko   के को
werfen
    phaalnu   फाल्नु
werfen, runter-, ein- (Post)
    khasaalnu   खसाल्नु
Werkstatt, Reparaturwerkstatt
    marmat garneThaa:u   मर्मत गर्ने ठाउँ
werter Name (wie ist Ihr -- ?)
    shubhanaam   शुभनाम
    (wahaa: ko - ke paryo)

wessen
: kosko कस्को

Weste
: bhoTo भोटो

Westen
: paschim पश्चिम

wichtig, eilig
: jaruri जरुरी

wichtig, nötig
: aawashyak आवश्यक

wie (Adjektiv)
: kasto कस्तो

wie groß
: katro कत्रो

wie lange
: kati samaya कति समय

wie lange dauert es?
: kati samayako chha? कति समयको छ

wie lange, von wann bis wann?
: katinjel कतिन्जेल

wieder, noch einmal		
	pheri	फेरी
wiederholen		
	dohoryaaunu	दोहो-याउनु
wiegen, abmessen		
	jokhnu	जोख्नु
wieviel (Dinge)		
	katiwaTaa	कतीवटा
wieviel kostet? (Kurzform)		
	kasari?	कसरी
wieviele (Menschen)		
	katijanaa	कतीजना
Wildschwein		
	banel	बनेल
willkommen		
	swaagat	स्वागत
Wind weht		
	haawaa chalnu /	हावा चल्नु /
	bahanu	बहनु
Winter, kalte Monate		
	jaaDo mahinaa	जाडो महिना

wirklich
    nishchaya निश्चय
wirtschaftlich, Wirtschafts-
    byaapaarik ब्यापारिक
wischen, abwischen
    puchhnu पुछ्नु
Wissen
    gyaan ज्ञान
wissen
    thaahaa hunu(chha) थाहा हुनु (छ)
wissen, herausfinden
    thaahaa paaunu थाहा पाउनु
wissenschaftlich
    baigyaanik tarikaa वैज्ञानिक तरिका
Witwe
    bidhawaa विधवा
wo
    kahaa: कहाँ
wo, in welcher Himmelsrichtung
    kataatira कतातिर

wo, in welcher Region?
    kun bhaagmaa — कुन भागमा

Woche
    haptaa — हप्ता

Wohlstand, Reichtum
    hit — हित

Wohnung, Mietwohnung
    Deraa — डेरा

Wohnzimmer
    baiThak koThaa — बैठक कोठा

Wolken
    baadal — बादल

wolkig sein
    baadal laagnu — बादल लाग्नु

Wolle
    un — उन

womit
    kasari — कसरी

womit
    kemaa — केमा

worfeln
    niphannu — निफन्नु

Wörterbuch
    shabdakosh — शब्दकोष

wund, geschwollen, entzündet
    ghaau: — गाउं

Wurzel, Luftwurzel
    jaraa — जरा

Yoghurt
    dahi — दही

Zahl
    angka /anka — अंक

zählen
    gannu — गन्नु

zahlen, bezahlen
    tirnu — तिर्नु

Zahn ziehen, - verlieren
    daa:t kholnu — दाँत खोल्नु

Zahn ziehen, - verlieren
    daa:t jhiknu — दाँत झिक्नु

Zahnbürste
	burus			बुरुश
Zähne
	daa:t			दाँत
Zahnpasta
	manjan			मन्जन
Zehen
	khuTTaako au:laa	खुट्टाको औंला
zehn 10
	dash			दश
zehntausend 10 000
	das hajaar		दश हजार
Zeichen, Markenzeichen
	chinha			चिन्ह
zeigen
	dekhaaunu		देखाउनु
Zeit
	samaya			समय
Zeit
	belaa			बेला

Zeit haben, etwas zu tun
        bhyaaunu   भ्याउनु

Zeit, es ist Zeit zu... (nach Stamm +..ne)
        belaa bhayo   बेला भयो

Zeitangabe, Gegenwart
        bajyo   बज्यो

Zeitangabe, Vergangenheit
        baje   बजे

Zeitplan
        kaarya taalikaa   कार्या तालिका

Zeitung
        patrikaa   पत्रिका

Zeitung lesen
        patrikaa hernu   पत्रिका हेर्नु

Zelt
        paal   पाल

Zement
        simenTi   सिमेण्टी

zerbrechen, bersten
        phuTnu   फुट्नु

zerstören
: nasTa garnu नष्ट गर्नु

zerstört werden
: nasTa hunu नष्ट हुनु

Zick Zack
: baangoTingo बांगोटिंगो

Zicklein
: paaTho पाठो

Zicklein (männlich)
: paaThaa पाठा

Zicklein (weiblich)
: paaThi पाठी

Ziege (weibl.)
: baakhraa बाखा

Ziegelei
: i:T bhaTTa ईंट भट्टा

Ziegelstein
: i:T ईंट

Ziegenbock (kastriert)
: khasi खसी

Ziegenbock (nicht kastriert)	bokaa	बोका
Ziegenfleisch	khasiko maasu	खसीको मासु
ziehen	taannu	तान्नु
Ziel	udeshya	उदेश्य
Zigarette	churoT	चुरोट
Zikade	jhyaa:nkiri	भांकी
Zimmer	koThaa	कोठा
Zinsen	byaaj	ब्याज
Zitrone	kaagati	कागती
Zoo	chiDiyaa ghar	चिडिया घर

zu ... (zu Durga)
    kahaa:(durgaakahaa:) कहां (दुगा'कहां)
zu Fuß
    hiDera हिंडेर
zuallererst
    sabhandaa pahilaa सबभन्दा पहिला
Zucker
    chini चिनी
zufrieden sein (chhu:/bhae:)
    santusTha hunu सन्तुष्ट हुनु
zuhören
    sunnu सुनु
Zukunft
    bhawishya भविश्य
zum ersten Mal
    pahilo patak पहिलो पटक
Zunge
    jibro जिब्रो
zurückgehen
    pharkaaunu फर्कनु

zurückgetreten (pol.)
    bhutpurba   भूतपूर्व

zurückkommen
    pharkanu   फरक

zurücklassen, ver-, vergessen
    chhoDnu   छोड्नु

zurückschicken
    pharkaai dinu   फर्काइ दिनु

zusammen
    jamma   जम्मा

zusammen
    sangai   संगै

zusammenarbeiten, kooperieren
    milnu   मिल्नु

zusammenfalten
    paTyaaunu   पट्याउनु

zustimmen
    sahamat hunu   सहमत हुनु

zustimmen, einer Meinung folgen
    maannu   मान्नु

Zuwendung, Einzelspende (groß)
  anudaan   अनुदान
Zuzugs-Ausschuß
  naagariktaa Toli   नागरिकता टोली
zwanzig 20
  bis   बीस
zwei 2
  dui - duiTaa   दुई दुईटा
zwei 2
  dwaya   द्वय
Zweifel
  shankaa   शंका
zweifeln
  shankaa garnu   शंका गर्नु
zweitälteste Tochter
  maaili   माइली
zweiter (Prüfung, Schule)
  dwitiya   द्वितिय
zweiter (Reihenfolge)
  dosro   दोस्रो

zweiundachtzig 82
    bayaasi   बयासी
zweiunddreißig 32
    battis   बत्तिस
zweiundfünfzig 52
    baaunna   बाउन्न
zweiundneunzig 92
    bayaanabbe   बयानब्बे
zweiundsechzig 62
    baisaThi / baisaTThi   बैसठी
zweiundsiebzig 72
    bahatar / bahattar   बहत्तर
zweiundvierzig 42
    bayaalis   बयालीस
zweiundzwanzig 22
    baais   बाइस
Zwiebel
    pyaaj   प्याज
Zwillinge
    jumlyaahaa   जुम्ल्याहा

zwischen (Ort, Zeit)
  bich / bichmaa   बीच बीचमा
Zwischenzeit, in der -
  bichmaa, tyo -   बीचमा, त्यो
zwölf 12
  baarha   बाह्र

Kleine Einführung in die Grammatik

Satzbau und Wortfolge

Die Wortfolge im Satz ist: Subjekt - Objekt - Verb

ma bhaat khaanchu
(ich Reis esse)
Ich esse Reis

Um den Genitiv zu bilden, kann man -ko anhängen

gharko chhaanaa
(Haus-sein Dach)
das Dach des Hauses

Der Dativ wird durch Anhängen von -laai gebildet

ma tapaai:läi bhaat dinchhu
(ich ihnen Reis gebe)
Ich gebe Ihnen Reis

Es gibt keine Artikel. Der Plural wird durch Anhängen von - haru gebildet.

ghar	gharharu	Haus	Häuser
chhaanaa	chhaanaaharu	Dach	Dächer

Die Präpositionen sind Postpositionen, d.h. werden an das Wort angehängt.

auf dem Tisch	Tebulmaa
zu/im Haus	gharmaa
von Nepal	NepalbaaTa

Anrede und Besitzverhältnis

In Nepal ist es üblich, sich nicht mit "Herr" oder "Frau" anzureden, sondern mit daai/bhaai (großer Bruder/kleiner Bruder) bzw. didi/bahini (große Schwester /kleine Schwester), je nachdem ob das Gegenüber älter oder jünger als man selber ist.

"timi" und "tapaai"

Sehr interessant sind auch die Anredeformen, deren es mehrere gibt. Da sind zunächst zwei, die dem "Sie" und dem "Du" im Deutschen ähneln. Allerdings werden auch unterschiedliche Formulierungen der Höflichkeit gebraucht, wenn man in der dritten Person über andere redet.

Wen man mit welcher Form anspricht, dafür gibt es sehr differenzierte Regeln: die höfliche "tapaai"-Form muß man bei allen Leuten, die älter sind als man selber, benutzen, und bei Menschen, denen man mit Respekt begegnet. In der vertrauteren "timi"-From spricht man Kinder und enge Freunde an. So weit kennt man das ja auch im Deutschen.

Im Nepalischen sind die Regeln allerdings strikter und machen auch das Verhältnis von Frau and Mann deutlich.

Ich muß also meinen älteren Bruder mit "tapaai" ansprechen, während ein jüngerer Bruder "timi" fur mich wäre. Dieser ältere Bruder sagt dann zu mir "timi", der jüngere müßte mir gegenüber "tapaai" gebrauchen. Die Ehefrau des älteren Bruders, selbst wenn sie denn jünger wäre als ich, ist und bleibt für mich "tapaai". Ihrer beider Kinder sind "timi". Mein Vater und meine Mutter sind selbstverständlich immer "tapaai". Meinen Ehemann muß ich mit "tapaai" titulieren, während er zu mir als Ehefrau "timi" sagt.

Spätestens bei diesem Punkt fangen alle Europäer und Amerikaner Dikussionen über Gleichberechtigung an. Bezeichnend war die Antwort einer sehr gebildeten und modernen, aus der Brahmin-Kaste stammenden Nepalin auf die Frage, warum sie ihren Mann nicht mit "timi" anredet: "timi klingt einfach für unsere Ohren nicht!"

	Personal- pronomen	Possessiv- pronomen	
ich	ma	mein	mero
Du, Sie (höflich)	tapaai:	Ihr	tapaaiko
du (vertraut, Kinder)	timi	dein	timro
er, sie (höflich)	wahaa:	sein, ihr	wahaako
er, sie es, (vertraut)	u	sein, ihr	usko
wir	haami	unser	haamro
ihr, sie plural (höflich)	tapaai: haru	ihr	tapaai-haruko
ihr (vertraut)	timiharu	euer	timi-haruko
sie plural (höflich)	wahaaharu	ihre	wahaa-haruko
sie plural (vertraut)	uniharu	ihre	uni-haruko

yo tapaai:ko kalam ho ra yo mero mech ho
(Dies Ihr Kuli ist und dies mein Stuhl ist)
Dies ist Ihr Kuli und das ist mein Stuhl

Das Anhängen der Silbe -ko gibt ein
Besitzverhältnis an.

Peterko jholaa
(Peter-sein Tasche)
Peters Tasche

Verben
Hilfsverb sein = hunu

Das Verb **hunu** = **sein** hat in der Gegenwart zwei Formen:

ho   - sich vorstellen
(Mein Name ist...., Mein Beruf ist...., Mein Land ist....)
- etwas identifizieren, als existierend bezeichnen
(Dies ist ein Tempel, Das ist mein Kuli)

chha   - jemanden oder etwas lokalisieren
(Der Vater ist im Haus, Das Buch ist auf dem Tisch)
- etwas mit Eigenschaften beschreiben
(Das Haus ist schön)
- etwas quantifizieren

Die Vergangenheit ist für beide Formen gleich.

Gegenwart : ho

		positiv	negativ
ich	ma	hu:	hoina
Du, Sie (höflich)	tapaai:	hunu-hunchha	hunu-hunna
du (vertraut, Kinder)	timi	hau	hoinau
er, sie (höflich)	wahaa:	hunu-hunchha	hunu-hunna
er, sie es, (vertraut)	u	ho	hoina
wir	haami	hau:	hoinau:
ihr, Sie pl (höflich)	tapaai:haru	hunu-hunchha	hunu-hunna
ihr (vertraut)	timiharu	hau	hoinau
sie pl (höflich)	wahaaharu	hunu-hunchha	hunu-hunna
sie pl (vertraut)	uniharu	hun	hoinan

Gegenwart : chha

		positv	negativ
ich	ma	chhu	chhaina
Du, Sie (höflich)	tapaai:	hunu-huncha	hunu-hunna
du (vertraut, Kinder)	timi	chhau	chhainau
er, sie (höflich)	wahaa:	hunu-hunthyo	hunu-hunnathyo
er, sie es, (vertraut)	u	chha	chhaina
wir	haami	chhau:	chhainau:
ihr, Sie pl (höflich)	tapaai:haru	hunu-hunchha	hunu-hunna
ihr (vertraut)	timiharu	chhau	chhainau
sie pl (höflich)	wahaahru	hunu-hunchha	hunu-hunna
sie pl (vertraut)	uniharu	chhan	chhainan

Vergangenheit (fur ho und chha)

		positiv	negativ
ich	ma	thie:	thiina
Du, Sie (höflich)	tapaai:	hunu-hunthyo	hunu-hunnathyo
du (vertraut, Kinder)	timi	thiyau	thienau
er, sie (höflich)	wahaa:	hunu-hunthyo	hunu-hunnathyo
er, sie es, (vertraut)	u	thiyo	thiena
wir	haami	thiyau:	thienau:
ihr, Sie pl (höflich)	tapaai:haru	hunu-hunthyo	hunu hunnathyo
ihr (vertraut)	timiharu	thiyau	thienau
sie pl (höflich)	wahaaharu	hunu-hunthyo	hunu-hunnathyo
sie pl (vertraut)	uniharu	thie	thienan

Im Nepalischen gibt es kein Wort für "ja" oder "nicht" bzw "nein". Stattdessen wird die Bestätigung bzw. Verneinung durch eine Verbform ausgedrückt.

Yo tapaaiko kalam ho?	ho	hoina
(dies Ihr Kugelschreiber ist?)	(ist!)	(ist nicht!)
Ist das Ihr Kugelschreiber?	Ja	Nein
Yo kitaab raamro chha?	chha	chhaina
(dies Buch gut ist?)	(ist!)	(ist nicht!)
Ist das Buch gut?	Ja	Nein

"haben"

ma sanga kalam chha.
(Ich zusammen Kuli ist)
Ich habe einen Kuli.

ma sanga chasmaa pani chha.
(Ich zusammen Brille auch ist)
Ich habe auch eine Brille.

ma sanga ruma:l chhaina.
(Ich zusammen Taschentuch ist-nicht)
Ich habe kein Taschentuch.

mero bahini chhaina.
(Mein jüngere Schwester ist-nicht)
Ich habe keine jüngere Schwester.

mero didi hunuhunchha.
(Mein ältere Schwester ist)
Ich habe eine ältere Schwester.

"chha"

ma sanga euTaa jholaa ra dherai kalam chha.
(Ich zusammen ein-Stück Tasche und viele Kuli ist)
Ich habe eine Tasche und viele Kulis.

Mero buhaari chha.
(Meine Schwiegertochter ist)
Ich habe eine Schwiegertochter.

Mero buhaari gharmaa chha.
(Meine Schwiegertochter Haus-im ist)
Meine Schwiegertochter ist zu Hause.

Tapaai:ko kitaab Tebulmaa chha.
(Ihr Buch Tisch-in ist)
Ihr Buch ist auf dem Tisch.

Tapaai:ko gharmaa tinTaa gamalaa chha.
(Ihr Haus-in drei-Stück Blumentopf ist)
In Ihrem Haus gibt es drei Blumentöpfe.

Kaagati amilo chha.
(Zitrone sauer ist)
Die Zitronen sind sauer.

Mero gharmaa kaagaj chha.
(Mein Haus-in Papier ist)
Zu Hause habe ich Papier.

Nepaalmaa goruko maasu chhaina.
(Nepal-in Rind-sein Fleisch nicht ist)
In Nepal gibt es kein Rindfleisch.

Aaja keTa ra keTiko bihaa chha.
(Heute Jungen und Mädchen Hochzeit ist)
Heute heiraten Jungen und Mädchen.

Konjugationsschema

Die Verben setzen sich zusammen aus dem Verb-Stamm und der Infinitivendung **-nu**, bzw. **-unu** und **-anu**.

essen	khaa**nu**
schlafen	sut**nu**
kommen	aau**nu**
warten	pakha**nu**

Auffordern (Imperativ):

In der Ansprache für Kinder und vertraute Personen (timi) wird die Befehlsform gebildet, indem vom Infinitiv -nu gestrichen wird, und für die ersten beiden Verbformnen -u bzw. -a angehängt wird.

essen	iß!	khaa-nu -u	timi khaau
schlafen	schlaf!	sut - nu - a	timi suta
kommen	komm!	aau - nu	timi aau
warten	warte!	parkha-nu	timi parkha

In der höflichen Ansprache für Erwachsene (tapaai:) wird die Befehlsform gebildet, indem an den Infinitiv ein -s angehängt wird. Dies entspricht dann weniger einem Befehl, als einer höflichen Aufforderung.

essen	essen Sie, bitte	khaanus
schlafen	schlafen Sie, bitte	sutnus
kommen	kommen Sie, bitte	aaunus
warten	warten Sie, bitte	parkhanus

Gegenwart-Zukunft-Gewohnheit-simple present

	positiv	negativ
ma	Stamm+**chhu**	Stamm+**dina**
tapaai: wahaa:	Infintiv+**hunchha**	Infinitiv+**hunna**
haami	Stamm+**chhau:**	Stamm+**dainau:**
timi	Stamm+**chhau**	Stamm+**dainau**
u	Stamm+**chha**	Stamm+**daina**
unihari	Stamm+**chhan**	Stamm+**daina**

Einfache Vergangenheit - Imperfekt - simple past

(Transitive Verben+le)

	positiv	negativ
ma (ile)	Stamm+**e:**	Stamm+**ina**
tapaai: (le)	Infinitiv+**bhayo**	Infinitiv+**bhaena**
wahaa: (le)	Infinitiv+**bhayo**	Infinitiv+**bhaena**
haami (le)	Stamm+**yau:**	Stamm+**enau:**
timi (le)	Stamm+**yau**	Stamm+**enau**
u (sle)	Stamm+**yo**	Stamm+**ena**
uniharu (le)	Stamm+**e**	Stamm+**enan**

		2. Vergangenheit	Plusquamperfekt
		Present Perfect	Past Perfect
		positiv/negativ	positiv/negativ
ma	Stamm +eko	chhu/chhaina	thie:/thiina
tapaai: wahaa:	Infinitiv +bhaeko	chha/chhaina	thiyo/thiena
haami	Stamm +ekaa	chhau:/chhainau:	thiyau:/thienau:
timi	Stamm +ekaa	chhau/chhainau	thiyau/thienau
u	Stamm +eko	chha/chhaina	thiyo/thiena
uniharu	Stamm +ekaa	chhan/chhainan	thie/thienan

Gewohnheit in der Vergangenheit
Past Habit

	positiv	negativ
ma	Stamm+**the**	**dinathe:**
tapaai:	Stamm+**hunthyo**	**hunnathyo**
wahaa:	Stamm+**hunthyo**	**hunnathyo**
haamo	Stamm+**thyau:**	**dainathyau:**
timi	Stamm+**thyau**	**dainathyau**
u	Stamm+**thyo**	**dainathyo**
uniharu	Stamm+**the**	**dainathe**

Verlaufsform Gegenwart / Vergangenheit
Present Continuous / Past Continuous

		positiv/ negativ	positiv/ negativ
ma	Stamm +iraheko	chhu/chhaina	thie:/thiina
tapaai: wahaa:	Stamm+ irahanubhaeko	chha/chhaina	thiyo/thiena
haami	Stamm+ irahekaa	chhau:/ chhainau:	thiyau:/ thienau:
timi	Stamm+ irahekaa	chhau/ chhainau	thiyau/ thienau
u	Stamm+ iraheko	chha/chhaina	thiyo/thiena
uniharu	Stamm+ irahekaa	chhan/ chhainan	thie/thienan

Unbekannte Vergangenheit - unknown past

	positiv	negativ
ma (le)	Stamm+**echhu**	e**n**acchu
tapaai: (le)	Infinitiv+**bhaechha**	bhae**n**achha
wahaa: (le)	Infinitiv+**bhaechha**	bhae**n**achha
haami (le)	Stamm+**echhau:**	e**n**achhau:
timi (le)	Stamm+**ecchau**	e**n**achhau
u (sle)	Stamm+**eccha**	e**n**achha
uniharu (le)	Stamm+**echhan**	e**n**achhan

Im Nepalischen wird vieles durch unterschiedliche Verbformen ausgedrückt, wozu im Deutschen Nebensätze benutzt werden.

1. Stamm+**na**   mit der Absicht, **um zu....**

>   kinna gae:
>   (einkaufen-um-zu ich-bin-gegangen)
>   Ich bin gegangen, um einzukaufen

2. Stamm+**au:**   **laß uns.......tun**

>   sunau:
>   laß uns zuhören

3. Stamm+**epachhi**   **nachdem.........**

>   khaaepacchi gae:
>   nachdem ich gegessen habe, bin ich gegangen

4. Infinitiv+**bhandaa aghi**   **bevor** (Aktion)

> gharmaa jaanu: bhandaa aghi khaaja khaae:
> (Haus-in gehen bevor kleines Essen ich-habe-gegessen)
> Bevor ich nach Hause gegangen bin, habe ich eine Kleinigkeit gegessen.

5. Stamm+**era**   **und** (Aktionsform)

> ma basmaa chaDera Patanmaa gae:
> (ich Bus-in steigen-und Patan-in ich-bin-gegangen)
> Ich stieg in den Bus und fuhr nach Patan.

6. Stamm+**ne bittikai**   sofort nachdem......

   Nepal aaune bittikai wahaaharule
   immigration officemaa jaanu bhayo
   (Nepal kommen sofort-nachdem sie
   Immigration Büro-in gegangen sind)
   Sofort nachdem sie nach Nepal gekommen
   waren, sind sie zum Immigration-Büro
   gegangen.

7. Stamm+**ne belaa bhayo**   es ist Zeit zu......
   Stamm+**ne samaya bhayo**   es ist Zeit zu......

   khaane belaa bhayo
   Es ist Zeit zu essen

8. Substantiv **man parnu**   gerne haben,
                                mögen

   malaai aa:p man parchha
   Ich mag Mango gerne

9. Stamm+na man laagnu   gerne tun

Vergangenheit:
hijo malaai gumna man laagyo
(gestern ich spazierengehen gern tat)
Gestern bin ich gerne spazieren gegangen
>hijo malaai gumna man laagena
>(Gestern ich spazierengehen gern tat-nicht)
>Gestern bin ich nicht gerne spazieren gegangen

Präsenz:
ahile malaai gumna man laagyo
Heute gehe ich gerne spazieren
>ahile malaai gumna man laageko chhaina
>heute gehe ich nicht gerne spazieren

Zukunft/ Gewohnheit:
bholi/sa:dhai: malaai gumna man laagchha
Morgen/Immer gehe ich gerne spazieren
>bholi/sa:dhai: malaai gumna man laagdaina
>Morgen/Immer gehe ich nicht gerne spazieren

10. Stamm+**eko chhaina**   **noch nicht**

> ma khaaeko chhaina
> Ich habe noch nicht gegessen

11. Stamm+**eko kati....bhayo   vor wieviel...(Zeit)**

timro bahini Pokharamaa gaeko kati din bhayo?
(Deine jüngere-Schwester Pokhara-in gegangen
wieviel Tage war)
Vor wieviel Tagen ist Deine jüngere Schwester nach
Pokhara gegangen?

12. ....**bhaeko kati barsha   vor wieviel Jahren**
    bhayo   war

mero aama bihaa bhaeko bis barsha bhayo
(meine Mutter Hochzeit gewesen 20 Jahre war)
Meine Mutter hat vor 20 Jahren geheiratet

mero baa khaseko chha barsha bhayo
(mein Vater gestorben 6 Jahre war)
Mein Vater ist vor 6 Jahren gestorben

Peterko **umer** tis **barsha bhayo**
Peter **ist** 30 Jahre **alt**

Frageworte

ke le	mit was
keko	von was, mit was
kahaa:ko	von wo
kahile	wann
kina	warum
ke	was
bhanekko ke ho	was bedeutet das Wort...
ke bhayo	was ist los
kun	welches
kunchaahi:	welches
kasko	wem
kasle (trans. Verben, Vergangh)	wer
ko ko	wer sonst noch
kosko	wessen
kasto	wie (Adjektiv)
katro	wie groß
kati samaya	wie lange
kati samayako chha	wie lange dauert es
katinjel	wie lange, von wann bis wann

katiwaTaa	wieviel (Dinge)
kasari	wieviel kostet (Kurzform)
katijanaa	wieviele (Menschen)
kahaa	wo
kataatira	wo, in welcher Himmelsrichtung
kun bhaagmaa	wo, in welcher Region
kasari	womit
kemaa	womit

Konjunktionen, Demonstrativpronomen etc.

aber	tara
alle	sarwa
alle, alles	sabai
andere (pl)	aru
anderer (sing)	arko
andernfalls	natrabhanc
andrerseits	arkotira
auch	sattaa
außer	baheek
dann, danach	tyaspachhi
dasselbe	uhai
dennoch, trotzdem	tarapani
deshalb	tyaskaaran
dies (hier)	yo
dort	tyahaa:
einen Moment	ekchhin
gegen	biruddha (nachgestellt)
gemäß, entsprechend	anusaar
genau wie dieses	yastai
genau wie jenes	tyastai
hauptsächlich	mukhya

herum, drumherum, rundherum	waripari
hinter (örtlich)	pahhaaDi
jedenfalls, trotzdem	je hos
jenes (dort)	tyo
mancherorts	kahi:kahi:
mancherorts	kunai Thaumaa
manchmal	kunaikunai belaa
mit	sanga
miteinander	ek aapasmaa
nach (zeitlich)	pachhi
noch ein	arko
noch mehr, noch mal, wieder	ajhai
nur	maatra
oberhalb, oben	maathi
oder	ki
so viel nur	tyati maatra
soeben, gerade, im Moment	bharkhar
über	baaremaa (nach...ko)
überhaupt nicht	paTakkai
umsonst, für nichts	sittai

und	aani
ungefähr, ca	karib
unterhalb, unten	tala
viele	dheraiwTaa
viele Sachen	dherai kuraa
vielleicht	holaa
vielleicht	saayad
von (örtlich)	baaTa
von...bis (Ort)	baaTa....samma
vor (zeitlich)	aghi
vor (örtlich)	aghaaDi
voriges Jahr, früher	pohor
weil	kinabhane
weil	kinaki
weil, auf Grund von	kaaranle gardaa
wenige	thoraiwaTaa
wenn, daraus folgt.......	tyaso bhae
wieder, noch einmal	pheri
zusammen	sa:gai
zwischen (Ort, Zeit)	bich/bichmaa

Komparativ und Superlativ

In Nepali gibt es keinen Komparativ oder Superlativ. Der Komparativ wird mit **bhandaa** gebildet, was sich mit "im Vergleich zu" übersetzen läßt. Es gibt zwei mögliche Formen, den Satz zu bilden:

yo kalam, tyo kalam bhandaa Thulo chha
(Dieser Kuli, jener Kuli im-Vergleich-zu groß ist)
oder
tyo kalam bhandaa yo kalam Thulo chha
(Jener Kuli im-Vergleich-zu dieser Kuli groß ist)
Dieser Kuli ist größer als jener Kuli.

Macchapucchre, Annapurna bhandaa ho:cho chha
(Im-Vergleich-zu-Annapurna Macchapuchhre klein ist.)
Annapurna bhandaa Macchapucchre ho:cho chha
(Annapurna im-Vergleich-zu Macchapucchre klein ist)
Der Macchapucchre ist kleiner als der Annapurna

Ram Peter bhandaa dublo hunuhunchha
Peter bhandaa Ram dublo hunuhunchha
Ram ist dünner als Peter

buimaa, Tebulmaa bhandaa dherai kalam chha
Tbulmaa bhandaa buimaa dherai kalam chha
Auf dem Boden sind mehr Kuli als auf dem Tisch

Beim Superlativ wird dem Adjektiv **sabbandhaa**, was sich mit "am meisten" übersetzen läßt, vorangestellt:

yo kitaab sabbandhaa paatalo chha
(Dies Buch am-meisten dünn ist)
Dieses Buch ist das dünnste

bishwamaa sabbandhaa aglo nimaal sagarmantha ho
(Welt-in am-meisten hoch Schneeberg Mt.Everest ist)
Auf der Welt der höchste Berg ist der Mt. Everest

Asia ra Amerikamaa kun thulo chha?
(Asien und Amerika welches groß ist?)
Was ist größer, Asien oder Amerika?

Nützliche Sätze und Ausdrücke

Zahlen und Mengen

Die **Zahlen** von 1 bis 100 sind unregelmäßig gebildet. Für den Alltag reicht es, die Zahlen von 1 bis 20, die Zehner sowie hundert und tausend zu kennen.

Zur **Mengenbezeichnung** (wieviele Exemplare, wieviel Stück) wird -waTaa angehängt. Für eins, zwei und drei gibt es eine verkürzte Form. Zusammen mit Maßeinheiten wird -waTaa nicht verwendet.

Zur Bezeichnung der **Anzahl von Personen** wird -janaa angehängt.

Beispiele:	zwei Äpfel	-	duiTaa syaau
	sieben Bücher	-	saatwaTaa kitaab
	drei Mädchen	-	tinjanaa keTi
aber:	zwei Kilo Zucker	-	dui kilo chini

1	euTaa	ekjaana
2	duiTaa	duijaana
3	tinTaa	tinjaana
4	chaarwaTaa	chaarjaana
5	paa:chwaTaa	paa:chjaana

ek	१	1
dui	२	2
tin	३	3
chaar	४	4
paa:ch	५	5
chha	६	6
saat	७	7
aaTh	८	8
nau	९	9
das	१०	10
eghaara	११	11
baarha	१२	12
terha	१३	13
chaudha	१४	14
pandhra	१५	15

sorha	१६	16
satra	१७	17
aThaara	१८	18
unnaais	१९	19
bis	२०	20
ekkaais	२१	21
baais	२२	22
tehis	२३	23
chaubis	२४	24
pachchis	२५	25
chhabbis	२६	26
sataais	२७	27
aThaais	२८	28
untis	२९	29
tis	३०	30
ektis	३१	31
battis	३२	32
tettis	३३	33
chau:tis	३४	34
pai:tis	३५	35

chhattis	३६	36
sai:tis	३७	37
aThtis	३८	38
unchaalis	३९	39
chaalis	४०	40
ekchaalis	४१	41
bayaalis	४२	42
trichaalis	४३	43
chauwalis	४४	44
paa:talis	४५	45
chhayaalis	४६	46
satchaalis	४७	47
aThchaalis	४८	48
unchaas	४९	49
pachaas	५०	50
ekaaunna	५१	51
baaunna	५२	52
tipanna	५३	53
chaunna	५४	54
pachpanna	५५	55

chhapanna	५६	56
santaaunna	५७	57
anThaaunna	५८	58
unsaThThi	५९	59
saaThi	६०	60
eksaaThi	६१	61
baisaThi	६२	62
trisaThi	६३	63
chau:saThi	६४	64
pai:saThi	६५	65
chhaisaThi	६६	66
satsaThi	६७	67
aThsaThi	६८	68
unansattari	६९	69
sattari	७०	70
ekaatar	७१	71
bahatar	७२	72
trihatar	७३	73
chauhatar	७४	74
pachatar	७५	75

chhayaatar	७६	76
sathatar	७७	77
aThhatar	७८	78
unaasi	७९	79
aasi	८०	80
ekaasi	८१	81
bayaasi	८२	82
triyaasi	८३	83
chauraasi	८४	84
pachaasi	८५	85
chhayaasi	८६	86
sataasi	८७	87
aThaasi	८८	88
unaannabbe	८९	89
nabbe	९०	90
ekaanabbe	९१	91
bayaanabbe	९२	92
triyaanabbe	९३	93
chauraanabbe	९४	94
panchhaanabbe	९५	95

chhayaanabbe	९६	96
santaanabbe	९७	97
anThaanabbe	९८	98
unaansaya	९९	99
ek saya/saay	१००	100
ek hajaar	१०००	1000
das hajaar	१०,०००	10,000
ek laakh	१,००,०००	1,00,000

pahilo	erster (Reihenfolge)
dosro	zweiter (Reihenfolge)
tesro	dritter (Reihenfolge)
antim	letzter (Reihenfolge)

Nepal-Kalender

Nepal hat einen eigenen Kalender. Mitte April 1997 beginnt das Jahr 2054.

1.	Monat	April - Mai	baishaakh
2.		Mai-Juni	jeTha/jesTha
3.		Juni-Juli	asaar/ashaaD
4.		Juli-August	saaun/sraawan
5.		August-September	bhadau/bhaadra
6.		September-Oktober	asoj/aaswin
7.		Oktober-November	kaattik/kaartik
8.		November-Dezember	mangsir/maarga
9.		Dezember-Januar	pus/paush
10.		Januar-Februar	maagh
11.		Februar-März	phaalgun
12.		März-April	chait/chaitra

Um kenntlich zu machen, daß die nepalische Zeitrechnung (Lunar Kalender) verwandt wird, wird bei Datumsangaben **gate** nachgestellt. Benutzt man die westliche Zeitrechnung (Gregorianischen Kalender), so wird das durch ein nachgestelltes **taarikh** deutlich gemacht.

Aaja kati gate ho?
Welcher Tag ist heute? (Nepali Kalender)

aaja asaardui gate ho.
Heute ist der 2. Asaar. (Mitte Juni)

haami pus 29 gate Nepalmaa aajau:
Wir sind am 29. Pus (Mitte Januar) in Nepal angekommen

aaja kati taarikh ho?
Welcher Tag ist heute? (Westlicher Kalender)

aaja ekkais taarikh march ho
Heute ist der 21. März.

Wochentage

Die Woche beginnt in Nepal mit dem Sonntag. Der Samstag ist der allgemeine Wochenfeiertag.

Sonntag	aaitabaar/rabibaar
Montag	sombar
Dienstag	mangalbaar
Mittwoch	budhabaar
Donnerstag	bihibaar/gurubaar/brihaspatibaar
Freitag	sukrabaar
Samstag	sanibaar

Uhrzeit (Gegenwart)

kati bajyo?
Wie spät ist es?

das bajyo
Es ist zehn Uhr

sawaa baarha bajyo/sawaa baarha bhayo
Es ist viertel nach zwölf

saa:Dhe baarha bajyo/saa:Dhe baarha bhayo
Es ist halb eins

paune ek bajyo/paune ek bhayo
Es ist viertel vor eins

paa:ch bajna das mineT baa:ki chha
Es ist zehn Minuten vor fünf

nau bajera paa:ch mineT gayo
Es ist fünf Minuten nach neun

karib nau bajyo
Es ist kurz vor neun (ungefähr neun)

paa:ch bajyo dekhi nau bajyo samma
von fünf bis neun Uhr

Uhrzeit (Vergangenheit)

kati baje
Wieviel Uhr war es?

Saat baje
Es war sieben Uhr

sawaa saat baje
Es war viertel nach sieben

saa:Dhe saat baje
Es war halb acht

paune aaTh baje
Es war viertel vor acht

karib aaTh baje
Es war kurz vor acht

paa:ch baje dekhi nau baje samma
Es war von fünf bis neun

chaar baje ra paa:ch bajeko bichmaa
zwischen vier und fünf Uhr

Zeitbestimmungen

an manchem Tag	kunaidin
an wenigen Tagen	kunaikunaidin
bald	chaa:Daï
bis jetzt	ahilejamma
bis heute	aaja jammaa
damals, zu der Zeit	tyo belaa
eineinhalb Stunden	DeDh ghanTaa
einige Jahre noch	kehi barsha
einmal	ek paTak
Freizeit	phursad
früh, vorzeitig	chaa:Dai
frühmorgens	bihaani pakh
ganzer Tag	dinbhari
gestern	hijo
Glückstag	shubha din
heute abend (jetzt)	ajaa belukaa
heute abend (später)	bhare belukaa
immer	sadhai
irgendwann einmal	kahilei
irgendwann heute, nachher	bhare bhare
Jahr	barsha

Jahr (westl. Kalender)	saal
jetzt	ahile
jetzt	aba
jetzt, zur Zeit	aajabholi
Kalender von Nepal	paatro
kurz vorher	bharkhar
kurz, kurze Zeit	chhoTo samaya
lange Zeit	dheraiber
lange, lange Zeit	laamo samaya
lebenslang, ein ganzes Leben	jiwanbhar
letzte Woche	aghillo hapta
manche Jahre	kehi barsha
manches Jahr	kunai barsha
manchmal	kahile kaahi:
manchmal	kunai belaa
Minute	mineT
mitten in der Nacht	madhya raat
Monat	mahinaa
morgen	bholi
nach einigen Tagen	kehidn pacchi
nachher (am selben Tag)	bhare
Nachmittag	madhyanna
nächste Woche	arko haptaa

nächster Tag	bholi palTa
Nacht	raat
Neujahr	nawabarsha
Neumond	au:si
niemals	kahile pani (neg. Verb)
oft	dherai jaso
schließlich, endlich	turuntai
Sommer	yam
Sommer, warme Monate	garmi mahinaa
Sonnenaufgang	suryodaya
Sonnenuntergang	suryasta
spät	aber
spät, langsam	Dhilo
spätabends	beluko pakh
Stunde	ghanTaa
Tag	din
täglich	dainik
übermorgen	parsi
Unglückstag	ashubha din
Vollmond	purnimaa
von jetzt ab	abadekhi
von...bis....(zeitl, räuml.)	dekhi....samma

vor einigen Tagen	kehidin aghi
vorgestern	asti
vorher	pahila
vorher, bevor	pahilaa pani
Wandkalender	bhitte paatro
welcher Tag	kunbaar
Winter, kalte Monate	jaaDo mahinaa
Woche	haptaa
Zeit	samaya
Zeit	belaa
Zeitplan	kaarya taalikaa
zuallererst	sabhandaa pahilaa
zum ersten Mal	pahilo patak
Zwischenzeit, in der-	bichmaa, tyo -

Familie und Verwandtschaft

Es gibt eine für uns gar nicht vorstellbare Vielfalt an Bezeichnungen für Familienmitglieder. Was bei uns ein "Onkel" ist, wird in Nepal sehr fein unterschieden, ob es sich um den älteren, den zweitältesten oder den jüngsten Bruder des Vaters oder Bruder der Mutter handelt, oder vielleicht um den Bruder des Vaters der Mutter oder, oder, oder.....Natürlich ist die Tante, die angeheiratet ist, jeweils zu unterscheiden, ob sie den älteren, zweitältesten. oder jüngsten Bruder geheiratet hat. Und selbstverständlich werden die Tanten, die Schwestern des Vaters oder der Mutter sind, je wieder anders bezeichnet. Und da sie meist auch schon verheiratet sind, muß man nun wiederum die unterschiedlichen Worte für ihre Ehemänner - eigentlich auch "Onkel" für unser Gefühl - kennen. Ja, und dann haben die nun ihrerseits Kinder, die jedoch auch klar nach Söhne and Töchter und nach älter, jünger usw. unterschiedlich bezeichnet werden. Das erscheint für uns zunächst sehr verwirrend.

Hintergrund ist: es gilt in Nepal für einen großen Teil der Bevölkerung immer noch das "concept of the joint family", wie die Nepalis das nennen. Das heißt, daß die gesamte Großfamilie mit allen Generationen zusammenlebt. Wie sollte man da die verschiedenen Personen, die wir alle mit demselben Wort "Onkel" bezeichnen, denn auseinanderhalten und anreden können?

Hier eine Auswahl an Verwandtschaftsbezeichnungen:

pariwaar	Familie
baa	Vater
aamaa	Mutter
chhoraa	Sohn
chhori	Tochter
chhoraachhori	Kinder
bahini	Schwester, jünger
didi	Schwester, älter

bhaai	Bruder, jünger
daai	Bruder, älter
srimati	Ehefrau
srimaan	Ehemann
baaje	Großvater
bajai	Großmutter
naati	Enkel
naatini	Enkelin
kaakaa	Onkel, jüngerer Bruder des Vaters
kaaki	Tante, Frau vom jüngeren Bruder des Vaters
thulobaa	Onkel, älterer Bruder des Vaters
thuliaamaa	Tante, Frau des älteren Bruder des Vaters
phupu	Tante, Schwester des Vaters
maamaa	Onkel, ältere/jüngere Brüder der Mutter
maaiju	Tante, Frau des älteren/jüngeren Bruders der Mutter

Thuliaamaa	Tante, ältere Schwester der Mutter
Thulobaa	Onkel, Mann der älteren Schwester der Mutter
saaniaamaa	Tante, jüngere Schwester der Mutter
saanobaa	Onkel, Mann der jüngeren Schwester der Mutter
jeThi	älteste Tochter
jeThaa	ältester Sohn
maaili	zweitälteste Tochter
maailaa	zweitältester Sohn
saaili	drittälteste Tochter
saailaa	drittältester Sohn
kaanchhi	jüngste Tochter
kaanchhaa	jüngster Sohn
maanchhe	Mensch
logne maanchhe	Mann, Erwachsener
swasni maanchhe	Frau, Erwachsene
keTaa	Junge
keTi	Mädchen
keTaakeTi	Kinder
bidhyaarthi	Schüler

grihini	Hausfrau
saathi	Freund

So beginnt ein Gespräch in Nepal

namaste
Begrüßung und Verabschiedung zu jeder Tageszeit

tapaai:lai kasto chha?
(Ihnen wie ist?)
Wie geht es Ihnen?

Malaai sanchai chha, tapaai:laai ni?
(Mir gut ist. Ihnen Wie?)
Mir geht es gut. Und Ihnen?

Malaai pani sanchai chha
(Mir auch gut ist)
Mir geht es auch gut

tapaai:ko naam ke ho?
(Ihr Name welcher ist?)
Wie heißen Sie?

Mero naam Peter ho
(Mein Name Peter ist)
Ich heiße Peter

tapaai:ko des ke ho?
(Ihr Land welches ist?)
Woher kommen Sie?

Mero des Germany ho
(Mein Land Deutschland ist)
Ich komme aus Deutschland

Peter kati barshako bhayo?
(Peter wieviel Jahr-sein war?)
Wie alt ist Peter?

tapaai:ko umer kati bhayo?
(Ihr Alter wieviel war?)
Wie alt sind Sie?

Einkaufen und Handeln

yo kati rupiyaa parchha?
(Dies wieviel Rupien kostet?)
Wieviel kostet das?

ek kilo suntalaako bis rupiyaa parchha
(Ein Kilo Mandarinen 30 Rupien kostet)
Ein Kilo Mandarinen kostet 30 Rupien

yo suntalaa kasari?
(Diese Mandarine wieviel?)
Wieviel kosten die Mandarinen? (Kurzform)

yo suntalaa kasari kilo?
(Diese Mandarine wieviel Kilo?)
Wieviel kostet ein Kilo Mandarinen? (Kurzform)

yo suntalaa dis rupiyaa kilo
(Diese Mandarine 30 Rupien Kilo)
Die Mandarinen kosten 30 Rupien das Kilo.
(Kurzform)

mahango bhayo, ali sasto garnus/ali kam garnus
(Teuer gewesen, bißchen billig geben Sie/bißchen geben sie)
Das ist teuer. Geben Sie es etwas billiger.

malaai dui kilo golbheiDaa pachchis rupiyamaa dinos
(Mir 2 Kilo Tomaten 25 Rupien-in geben Sie)
Geben Sie mir 2 Kilo Tomaten für 25 Rupien

jamma kati bhayo?
(Zusammen wieviel war?)
Wieviel kostet alles zusammen?

bajaarmaa bhui:kaTahar mahango chhaina tara aa:p mahango chha
(Markt-in Ananas teuer nicht-ist, aber Mango teuer ist)
Auf dem Markt ist Ananas nicht teuer, aber Mango sind teuer

kati rupiyaa dekhi kati rupiyaa samma?
(Wieviel Rupien von wieviel Rupien bis)
Von wieviel auf wieviel Rupien?

Kleine Füllworte zur Bestätigung, oft auch ohne konkrete Bedeutung:

la	(weniger höflich) }	
hunchha	(etwas höflich) }	Bestätigung (ja, ja bitte)
has	(sehr höflich) }	
ni	und	
ta	dann	

Nützliche Ausdrücke

raamro chha
Das ist schön (gut)

ekdam raamro chha
Das ist besonders schön

miTho chha
Das ist lecker (wohlschmeckend)

ekdam miTho chha
Das ist besonders lecker

Thik chha
Das ist in Ordnung (okay)

dhanyabaad
Danke (wird in Nepal selten gebraucht)

maaph garnus
Entschuldigung

samashyaa chhaina
(Problem ist nicht)
kein Problem

......bhaneko ke ho?
(.....gesagt was ist?)
Wie heißt das Wort für....?

malaai thaahaa chhaina
(mir wissen ist-nicht)
Ich weiß nicht

tyo pani malaai thaahaa chhaina
(das auch mir wissen ist-nicht)
Das weiß ich auch nicht

chaahi:daina
Brauche ich nicht (nicht nötig)
Wenn man Angebote von Straßenhändlern,
Taxifahrern etc. abwehren möchte

pugchha
Es reicht (genug)
Wenn man beim Essen keinen Nachschlag möchte

phoTo khichnu sakinchha?
Kann fotografiert werden?

Sakinchha!
Ja!

Ma gharbaaTa aae:
Ich komme von zu Hause

aaja bihan maile khaajaa khaae:
Heute morgen habe ich gefrühstückt

chaamal khaanus
Essen Sie Reis

yahaa: duiTaa harijo mech chha
Hier gibt es zwei grüne Stühle

mero saathiko gharmaa tinTaa kukur ra euTaa biraalo chha
(mein Freund-sein Haus-in drei-Stück Hund und ein-Stück Katze ist)
Im Haus meines Freundes gibt es drei Hunde und eine Katze

chiyaamaa aliali chini chha
(Tee-in bißchen-bißchen Zucker ist)
Im Tee ist wenig Zucker

malaai dudh chiyaako saTTaa dinos
(mir Milch Tee-sein anstatt geben-sie)
Geben Sie mir Milch statt Tee

maile ke gare:?
(Ich was gemacht habe?)
Was habe ich gemacht?

Tapaai:le ke garnu bhayo?
(Sie was gemacht haben?)
Was haben Sie gemacht?

Nayaa kitaab linus ra puraano kitaab malaai dinus
Nehmen Sie das neue Buch und geben Sie mir das alte Buch

Unterwegs

ma basmaa chaDe:
Ich stieg in den Bus.

bas hiDyo
Der Bus fuhr.

ma basmaa aae:/gae:
Ich fuhr mit dem Bus.

busbaaTa jhare:
Ich stieg aus dem Bus aus.

hawaai jahaaj uDyo
Das Flugzeug flog.

rel hiDyo
Die Eisenbahn fuhr.

baslaai dui ghanTaa laagchha
Der Bus braucht zwei Stunden.

basmaa paa:ch rupiyaa laagchha
Der Bus kostet 5 Rupien.

Hamile pulbaata kholaa taryan
Wir haben auf einer Brücke den Bach überquert.

hamile paani jahaajmaa samundra taryan
Wir haben mit einem Schiff den Ozean überquert.

Himmelsrichtungen

uttar
Norden

uttari bhaag
Nord-Region

purba
Osten

purbi bhaag
Ost-Region

dakshin
Süden

dakshini bhaag
Süd-Region

pashchim
Westen

pashchimi bhaag
West-Region

dakshin parbi bhaag
Süd-Ost-Region

kataatira?
Wo (in welcher Himmelsrichtung)?

Kun bhaagmaa?
Wo (in welcher Region)?

Jajarkot Nepalko pashchimi bhaagmaa parchha
(Jajarkot Nepal-sein West-Region-in liegt)
Jajarkot liegt in der West-Region von Nepal.

himaal nepaalko uttartira parchha
Der Himalaya liegt im Norden von Nepal (innerhalb des Landes)

bharat nepaalbataa dakshintira parchha
Indien liegt im Süden von Nepal (außerhalb des Landes)

Paris France-maa parchha
Paris liegt in Frankreich.

Amerika-baaTa sojhai Germany (maa) pharke
Von Amerika bin ich direkt nach Deutschland zurückgekehrt.

Spezielle Wörterlisten

Farben

Farbe	rang
beige	ghiu rang
blau	nilo
braun	khairo
bunt	rangichangi
dunkel...	gaaDaa...
gelb	pahe:lo
golden	sunaulo rang
grau	kharaani rang
grün	hariyo
hell....	halkaa...
lila	pyaagi
pink	gulaabi
rot	raato
schwarz	kalo
silbern	chaa:di rang
weiß	seto

Haus und Haushalt

Balkon, Veranda	baardali
Besen	kucho
Besteck (Löffel-Gabel)	chamchaa kaa:Taa
Bettgestell	khaat
Bett	palang
Bett (Matratze und Bettzeug)	bistaaraa/ochhyaan
Bettzeug + Matratze	ochhyaan
Blumentopf	gamalaa
Brennholz	daauraa
Bügeleisen	istiri
Dach	chhaanaa
Eisen	phalaam
Flachdach	kaushi
Fliegengitter, Fliegenfenster	jaali
Gabel	kaa:Taa
Garn, Faden	dhaago
Gemüsegarten, Küchengarten	koThebaari
Geschirr, Topf	bhaa:Daa
Gewichtseinheit, ca 1/2 Kilo	maanaa
Handtuch	Thulo rumaal
Hängekorb für Babys	kokro

Haushalt	gharelu kaam/gharko kaam
Herd, Backofen	chulaa
Hochzeits-Schüssel, groß	khaDku:laa
Hocker	piraa
Hof	rachyaan
Holzklotz	muDaa
Kerze	mainbatti
Knopf	Taa:k
Korbgeflecht-Teller, groß	naanglo
Leine, Wäscheleine	Dori
Löffel	chamchaa
Mauer	parkhaal
Messer, groß	chakku
Messer, sehr groß, für Tieropfer	chuppi
Messerchen, kleines Messer	chhuri
Moskitonetz	jhul
Nähnadel	siyo
Reet fürs Dach	khar
Riegel	chukkul
Schere	kai:chi
Schlafzimmer	sutne koThaa

Schüsselchen, beim Daal Baath	kaTauraa
Seife zum Körperwaschen	nuhaaune saabun
Seife zum Waschen von Kleidung	lugaa dhune saabun
Spiegel	ainaa
spinnen	dhaago kaatnu
Spinnrad	charkhaa
Stein-Dach	Dhungaako chhaanaa
Stiege, steile Treppe	bharyaang
Stoff	kapaDaa
Streichhölzer	salaai
Stroh-Dach	kharko chhaanaa
Taschentuch	saana rumaal
Tasse	kap
Terrasse	pi:Di
Terrasse	sikuwaa
Wand (Haus, Zimmer)	bhittaa
Wasserkrug	ghai:To
Wasserkrug, groß	gaagri
Wasserkrug, klein	aangkhoraa
Wasserkrug, klein	loTaa (Sanskrit)
Wasserspeier, Wasserhahn	dhaaraa

Wellblech	jastaa
Wellblech-Dach	Tinko chhaanaa
Zahnbürste	burus
Zahnpasta	manjan
Zement	simenti

Essen und Trinken

Abendessen	saa:jhko khaanaa
abgekochtes Wasser	umaaleko paani
alkoholische Getränke	madiraa
Blattgemüse, grünes Gemüse	saag
Brot (jede Sorte)	roTi
Chutney	achaar
Datteln	chhokaDa
Ei	phul
Erdnuß	badaam
Feigen, Feigenbaum (eßbar)	nibhaaro
fett	chillo
Fleisch	maasu
Frühstück	khaajaa
Gebäck, rund süß ölig	sel roTi

gekocht (Essen)	pakaaeko
getrocknete Blätter f d Suppe	gundruk
Gewürz	masalaa
hartgekochtes Ei	puraa/purai paakeko phul
Honig	maha
Kardamom	alai:chi
Kern, Stein (Frucht)	koyaa
Knoblauch	lasun
Kochkäse	khuwaa
Koriander	dhaniyaa
Kümmel	jiraa
Lebensmittel	khaanekuraa
Linsen	daal
Marmelade	jaam
Mehl	piTho
Milch	dudh
Nepalisches Essen mit Mehlpamp	Dhi:Do
Nudeln	chaauchaau
Pfeffer, schwarz	marich
Plätzchen	biskuT
Puffreis	murai
reif (Obst)	paakeko

Reis, gekocht	bhat
Reis, geröstet+geklopft	chiuraaa
Reis, ungekocht	chaamal
Reiskorn mit Hülse	dhaan
Rosinen	kismis
Saft	ras
Salz	nun
salzig, gesalzen	nunilo
schwach (alkohol, Getränk)	naram
schwarze Linsen	maas
Sojabohne	bhaTamaas
Speiseöl	khaanetel
Spiegelei	bhuTeko pul
stark,(alkoh. Getränk)	kaDaa
süß	guliyo
Teeblätter	chiyaapatti
Toast	paauroTi
Trockenobst, Trockenfrüchte	sukeko phalphul
ungekocht (Essen)	napakaaeko
unreif	kaa:cho
Walnuß	okhar
Walnuß	kaaju

weichgekochtes Ei	aadhaa paakeko phul
Yoghurt	dahi
Ziegenfleisch	khasiko maasu
Zucker	chini

Obst

Ananas	bhui:kaTahar
Apfel	syaau
Banane	keraa
Beere	ai:selu
Birne	naspaati
Erdbeere	bhui: ai:selu
Granatafel	anaar
Guave	ambaa
Honigmelone	kharbujaa
Jackfrucht	rukhkaTahar
Kokosnuß	nariwal
Litchi	litchi
Mandarine	suntalaa
Mango	aa:p
Mangosaft	aa:pko ras
Obst	phalphul
Papaya	mewaa
Pflaume	aarubakhaDaa
Saft	ras
Wassermelone	tarbujaa
Weintraube	angur
Zitrone	kaagati

Gemüse

Aubergine	bhanTaa
Blumenkohl	kaauli
Bohne	simi
Erbse	keraau
Erbsschoten	maTarkosaa
Gurke	kaa:kraa
Kartoffel	aalu
Kohl	bandaa
Kürbis	pharsi
Möhre	gaajar
Okra	bhinDi
Paprika	khursaani
Peperoni	khursaani
Rettich	mulaa
Tomate	golbhe:Daa
Zwiebel	pyaaj

Pflanzen

Ast	haa:gaa
Bambus	baa:s
Bambus, keiner Bambus	nigaalo
Baum	rukh
Baum	brikshaa (Sanskrit)
Baumrinde, Borke	bokraa
Baumstumpf	ThuTaa
Baumwolle (Rohmaterial)	kapaas
Blatt (Baum)	paat
Blume	phul
Boddhibaum (männlich)	bar
Botanik	udbhid
Brennnessel	sisnu
Erikanuß	supaari
Feigenbaum, Nepal. Sorte	dudhilo
Fenchel	shop
Gemüse	tarkaari
Gemüsegarten	baari
Ingwer	aduwaa
Kerne, Körner	daanaa
Kräuter	jaDiuTi

Lotus	kamal
Orchidee	sunakhari
Pipalbaum (weiblich)	pipal
Radieschen	salgam
Rasen	chaur
Rhododendron	laliguraa:s
Rose	gulaaba
Rose	gulaaph
Saft (aus Bäumen, Pflanzen)	chop
Stacheln	kaa:Daa
Wald	ban
Wald	jangal
Weizen	ga:hu
Wurzel, Luftwurzel	jaraa

Tiere

Ameise	kamilaa
Blutegel	jukaa
Büffel	raa:gaa
Büffelkuh	bhai:si
Eichhörnchen	lokharke
Elefant	haatti
Elefantenbulle	matta
Esel	gadhaa
Fisch	maachhaa
Fliege	jhi:gaa
Frosch	bhyaaguto
Gans	haa:s
Gecko	bhitti
Hahn	bhaale
Henne	pothi
Huf	khur
Hühner, Geflügel	kukhuraa
Insekten	kiraa
Kakerlake	saanglaa
Kaninchen	kharaayo
Katze	biraalo

Krähe	kaag
Kuh	gaai
Küken	challaa
Laus	jumraa
Leopard	chitua
Libelle	gaaine kiraa
Maultier	khachchar
Mücke	laamkhuTTe
Muttertier	maau
Nachtigall	jureli
Pferd	ghoDaa
Ratte, Maus	musaa
Rind	goru
Rotwild	mriga (Sanskrit)
Rotwild	harin
Schaf	bheDaa
Schlange	sarpa
Schmetterling, Falter	putali
Schwalbe	gau:thali
Schwein	bangur
Schwein, schwarz	sungur
Taube, wild	Dhukur
Tiere	janaawar

Tiger	baagh
Tigerjunges	Damaru
Vogel	charaa
Wildschwein	banel
Zicklein	paaTho
Zicklein (weiblich)	paaThi
Ziege (weiblich)	baakhraa
Ziegenbock (kastriert)	khasi
Ziegenbock (nicht kastriert)	bokaa
Zikade	jhyaa:nkiri

Landwirtschaft

Acker	jamin
Aufforstung	brikshaaropan
Bauer	kisaan
Bauer (Newari im KTM-Tal)	jyaapu
Bauernhof	kheti
Bewässerung	sichaai
Bewässerungskanal, groß	nahar
Bewässerungskanal, klein	kulo
Dorf	gaau
Dung	gobar
Dünger	mal
Erdwall (Reisfeld)	aali (khetko)
Erntekorb (aus Bambusgeflecht + Dung)	bhakaari
Feld (mit Bewässerung, Reisfeld)	khet
Feld (ohne Bewässerung)	baari
Feld-Messer, gebogenes Messer	ha:siya/aa:si
Fischernetz	jaal
Forstabteilung	ban bibhaag
Forstangestellter, Waldarbeiter	ban samrakshak

fruchtbar	malilo
Gerste	jau
Getreide	anna
Gras, Grünzeug	ghaa:s
Hirse	kodo
Hirte	goThaalaa
Hirte mit Pferd	sais
Kunstdünger	raasaayanik mal
Landwirtschaft	krishi
Mais	makai
Medizin, Insekten-vernichtungsmittel	usadhi
Naturdünger	gobar mal
Ochsenkarren	gaaDaa
Pferdestall	tabelaa
Pflug	halo
Samenkorn	biu
Stall (Kuh, Büffel)	goTh
Stall (Schafe, Ziegen, Geflügel)	khor
Vogelscheuche	tarsaaune
Weizen	gahu:
worfeln	niphannu

Körper

Ader	nasaa
Asthma	dam
Auge	aa:khaa
Backe	gaalaa
Bauch	peT
besser geworden (Befinden)	kam bhayo
Blase aufgehen (am Fuß)	Thelaa puThnu
Blase bekommen (am Fuß)	Thelaa uThnu
blind	andha
Blut	ragat
Blut	rakta
Brust	chhaati
Cholera	jhaaDaa-baantaa
Ellenbogen	kuhinaa/kuinaa
Epilepsie	chhaarerog
Finger	aau:laa
Fingernagel	nang
Frau	mahilaa
Fußsohle	paitalaa
Fuß, Bein	khuTTaa
Gehirn	mastishk

geschwächt	kamjor
Gesicht	anuhaar
gesund	baliyo
gesund	swaasthyabardhak
Haare	kapaal
Haare (kurz)	kesh
Hals	gardhan
Hand	haat
Haut	chhaalaa
Hautkrankheiten	ghaau khaTiraa
Hebamme	dhaai
Herz	muTu
Herzkrankheit	muTuko rog
Hüfte	kamar
Infektion, ansteckende Krankh	saruwaarog
Kehle	ghaa:Ti
Knie	ghu:Daa
Knochen	haDDi/haaD
Kopf	Taauko
Körper	sharir
krank	rogi
krank	biraami
Krankenhaus	aspataal

Krankheit	rog
Krätze	luto
Leber	kalejo
Leiche, toter Körper	laash
Lepra	kusTarog
Lippe	oTh
Mann	purush
Masern	daaduraa
Medizin in der Flasche	sisiko aushadhi
Menschen	maanis
Mund	mukh
Mutterschaft	sutkeri
Mutterschaft	prashuti (Sanskrit)
Nase	naak
Oberarm	paakhuraa
Oberschenkel	tighraa
Ohr	kaan
Rotz	si:gaan
Rücken	Dhaad
Schulter	kaa:dh
Schwangere	garbhawati
schwerkrank	shikista biraami
Sinn (5 Sinne)	thaahaa

Speichel	ryaal
Spucke	raal
Stuhl (med.)	dishaa
Unterarm	naaDi
Urin	pishaab
verrückt	paagal
Verstopfung	kabjiyat (hunu)
Zähne	daa:t
Zehen	kuTTaako au:laa
Zunge	jibro

Krankheiten

mero peT dukhyo
ich habe Bauchschmerzen

mero Taauko dukhyo
ich habe Kopfschmerzen

ma laDe:
ich bin gefallen

malaai rughaa laagyo
ich habe mich erkältet

malaai khoki laagyo
ich habe Husten

malaai pakhala laagyo
ich habe Durchfall

malaai khoki laagyo despachhi ausadhi dinus
ich habe Husten, deshalb geben Sie mir Medizin dafür

malaai aagole polyo
ich habe mich am Feuer verbrannt

malaai kukurle Tokyo
ein Hund hat mich gebissen

malaai bhai:sile haanyo
die Büffelkuh hat mich auf die Hörner genommen